THE NEW YOU & THE HOLY SPIRIT

by Andrew Wommack

Harrison House
Tulsa, Oklahoma

THE NEW YOU & THE HOLY SPIRIT
Copyright ⓒ 2008 by Andrew Wommack Ministries, Inc.
850 Elkton Dr.
Colorado Springs, CO 80907

Published by Harrison House, LLC
P.O.Box 35035, Tulsa, OK 74153
www.harrisonhouse.com

Korean, Korea Edition Copyright
ⓒ 2013 by The Word of Faith Co.
All rights reserved.

새로운 당신과 성령님

발행일   2013. 8. 12. 1판 1쇄 발행
         2025. 10. 30. 1판 4쇄 발행

지은이   앤드류 워맥
옮긴이   반재경
발행인   최순애
발행처   믿음의말씀사
2000. 8. 14 등록 제 68호
우) 18365 경기도 화성시 만년로 915번길 27 B동
Tel. 031) 8005-5483 Fax. 031) 8005-5485
http://faithbook.kr

ISBN 89-94901-48-5 03230
값 10,000원

본 저작물의 저작권은 '믿음의말씀사' 가 소유합니다.
저작권법에 의해 보호를 받는 저작물이므로 무단 전재와 복제를 금합니다.

새로운 당신과 성령님

앤드류 워맥 지음 | 반재경 옮김

믿음의말씀사

| 목차 |

서론 _ 6

제1부 새로운 나

파트 1 • 거듭남 _ 10

01 구원을 받았다는 것은 어떤 의미인가 _ 11

02 예수님은 주님이십니다 _ 20

03 사망에서 생명으로 _ 31

파트 2 • 하나님을 사랑하기 _ 37

04 세례를 받으라 _ 38

05 확고한 기반을 구축하기 _ 45

06 지역 교회에 출석하십시오 _ 49

07 하나님을 친밀하게 알기 _ 59

제2부 **성령님**

08　능력 받은 삶 _ 68
09　성령세례 _ 79
10　온전히 다 누리기 _ 87
11　오늘 바로 성령님을 영접하십시오 _ 93
12　방언 _ 99
13　오늘날의 증거 _ 106
14　자신을 세우기 _ 117
15　통역 _ 122
16　시작하세요 _ 131

성령세례 받기 _ 137
저자 소개 _ 139

| 서론 |

제 1 부

새로운 나

당신이 예수님을 구세주로 영접하는 순간 당신에게 어떤 일이 일어났는지를 이해하는 것은 매우 중요합니다. 그 지식과 이해가 당신의 마음에 심어진 말씀을 사탄에게 빼앗기지 않도록 지켜주기 때문입니다. 구원에는 당신이 생각하는 것보다 더 많은 것이 있습니다. 죄사함을 받는 것만이 구원의 전부가 아닙니다. 하나님께서 보실 때 죄사함은 시작에 불과하며 참된 목적으로 가는 수단이지, 목적 그 자체가 아닙니다. 그 참된 목적이란 바로 하나님과 교제하며 사귀는 것입니다. 자, 이제 예수님의 제자(배우고 따르는 자)가 됩시다. 기독교가 다른 모든 종교들과 어떻게 다른지, 하나님께서는 과거와 현재와 미래의 죄를 어떻게 보시는지 알아봅시다.

제 2 부

성령님

　성령님이 없이 예수님께서 약속하신 풍성한 삶을 누리는 것은 불가능합니다. 성령받기 전의 제자들은 연약하고 두려움 많은 사람들이었습니다. 그러나 성령을 받은 후 제자들은 하나님의 기적적인 능력으로 채움 받았고 당신도 이 능력을 받을 수 있습니다.

　성경말씀이 진리라고 믿는다면, 성령세례 또한 모든 사람을 위한 하나님의 뜻이라는 것을 믿어야 합니다. 이 책을 통하여 방언이 현재에도 존재한다는 사실과 방언과 함께 주어지는 은사들, 성도들에게 잘 알려지지 않은 방언의 유익들, 또 어떻게 방언을 시작하는지에 대하여 알게 될 것입니다.

제 1 부

새로운 나

파트 1

거듭남

당신이 세상에 살면서 내리는 결정 중 가장 중요한 것은 예수 그리스도를 당신의 구세주로 영접하는 것입니다. 1부 '새로운 나'에서는 예수님을 영접했다는 것의 의미와 그 다음에는 무엇을 해야 하는지에 대해 알아보겠습니다.

하나님의 가족이 되신 것을 환영합니다!

01

구원을 받았다는 것은 어떤 의미인가

하나님의 말씀이 당신에게 오자마자 사탄은 즉시 그 말씀을 빼앗으려고 합니다. 마 13:19

그러나 사탄은 당신이 이해하지 못할 경우에만 그렇게 할 수 있습니다. 그래서 주님을 영접하는 순간에 당신에게 어떤 일이 일어나는지 반드시 이해해야 하는 것입니다.

이것을 잘 이해하고 있으면 마귀는 당신을 속여 구원이 가져다주는 유익을 의심하게 할 수 없습니다. 하나님은 말씀으로 이렇게 약속하십니다.

> 네가 만일 네 입으로 예수를 주로 시인하며 또 하나님께서 그를 죽은 자 가운데서 살리신 것을 네 마음에 믿으면 구원을 받으리라 사람이 마음으로 믿어 의에 이르고 입으로 시인하여 구원에 이르느니라   롬 10:9-10

> 누구든지 주의 이름을 부르는 자는 구원을 받으리라
>
> 롬 10:13

당신도 이렇게 하셨습니까? 예수님을 주님이라고 입으로 시인하셨습니까? 하나님께서 그를 죽은 자 가운데서 살리신 것을 마음으로 믿으십니까? '누구든지' 주의 이름을 부르는 자라고 하셨는데 당신도 이 '누구든지'에 포함되십니까? 이 질문에 "네"라고 대답할 수 있다면 당신은 구원을 받은 것입니다! 당신의 삶을 진심으로 예수 그리스도께 드린 그 순간에 당신은 구원을 받은 것입니다. 마음으로 믿고 입으로 시인하는 바로 그 순간 하나님의 말씀의 진리가 현실로 이루어집니다. 축하드립니다. 당신은 구원을 받았습니다! 하나님은 약속을 지키시는 분입니다. 당신은 이제부터 하나님의 보호하심을 받게 됩니다!

> 내가 그들에게 영생을 주노니 영원히 멸망하지 아니할 것이요 또 그들을 내 손에서 빼앗을 자가 없느니라 그들을 주신 내 아버지는 만물보다 크시매 아무도 아버지 손에서 빼앗을 수 없느니라
>
> 요 10:28-29

하나님께 당신의 삶을 맡겼기 때문에 이제부터 하나님께서 당신을 지켜주십니다.

이로 말미암아 내가 또 이 고난을 받되 부끄러워하지 아니함은 내가 믿는 자를 내가 알고 또한 내가 의탁한 것을 그 날까지 그가 능히 지킬 줄을 확신함이라   딤후 1:12

우리가 신실하지 않을 때에도 하나님은 신실하십니다!

미쁘다faithful;신실하다 이 말이여 우리가 주와 함께 죽었으면 또한 함께 살 것이요 참으면 또한 함께 왕 노릇 할 것이요 우리가 주를 부인하면 주도 우리를 부인하실 것이라 우리는 미쁨이 없을지라도 주는 항상 미쁘시니 자기를 부인하실 수 없으시리라   딤후 2:11-13

때로 실수하거나 낙심될 때, 이것을 기억하십시오. 하나님께서는 항상 그분의 말씀을 지키시기 때문에 자기를 부인하실 수 없으십니다!

하나님 말씀에 대한 지식을 통해 나에게 일어난 일을 이해하기

하나님의 말씀을 아는 지식을 통해서 구원받았을 때 당신의 삶에 무슨 일이 일어났는지를 이해하게 됩니다. 당신은 우주에서 가장 놀라운 분과 영원한 관계를 시작한 것입니다. 그분을 알아

가고 따라가는 것이 말할 수 없는 기쁨을 가져다줄 것입니다.

구원은 죽어서 천국에 가는 것만을 의미하지 않습니다. 하나님께서는 당신이 구원을 받은 즉시 그 구원의 유익을 경험하기를 원하십니다. 그렇게 되려면 그분의 말씀을 아는 지식이 있어야 합니다. 말씀을 이해하고 그 지식에 근거하여 행하면 당신은 구원의 유익을 경험할 것입니다.

하나님께서는 그분을 아는 지식을 통하여 생명과 경건godliness; 하나님적인 것에 속한 모든 것을 주셨습니다.

> 하나님과 우리 주 예수를 앎으로 은혜와 평강이 너희에게 더욱 많을지어다 그의 신기한 능력으로 생명과 경건에 속한 모든 것을 우리에게 주셨으니 이는 자기의 영광과 덕으로써 우리를 부르신 이를 앎으로 말미암아라 이로써 그 보배롭고 지극히 큰 약속을 우리에게 주사 이 약속으로 말미암아 너희가 정욕 때문에 세상에서 썩어질 것을 피하여 신성한 성품nature;본성에 참여하는 자가 되게 하려 하셨느니라 벧후 1:2-4

하나님을 아는 지식을 통하여 당신은 그분의 약속에 이르게 됩니다. 하나님의 약속을 믿고 그것을 행하면 하나님의 본성에 참여하게 됩니다.

하나님의 본성에 참여한다는 것은 하나님의 사랑, 희락, 화평, 건강, 자유케됨, 형통함 등을 모두 경험하는 것을 말하며, 이것은 그리스도 예수를 통하여 이미 당신의 영 안에 들어 있습니다!

당신의 생각이 변하여 당신의 거듭난 영과 일치하면 당신의 삶 또한 변할 것입니다.

예를 들어, 당신이 평생 월요일을 싫어하며 살아왔다고 가정해 봅시다. 월요일은 싫은 날이라고 믿고, 싫다고 말하고, 좋아질 것은 기대도 하지 않기 때문에 당신은 이미 월요일을 마귀에게 빼앗긴 것입니다. 거듭났다고 해서 모든 부정적인 태도와 사고방식이 한꺼번에 다 바뀌는 것은 아닙니다. 하나님의 말씀에 대한 지식으로 생각과 행동을 바꾸기 전까지는 계속 월요일이 싫을 것입니다. 말씀을 통해 당신이 믿는 것과 말하는 것과 기대하는 것을 바꿀 때, 비로소 구원의 유익을 경험하게 됩니다. 월요일에도 말입니다! 생각을 새롭게 하십시오!

하나님을 아는 지식과 그분의 약속에 대한 지식이 자라면서 당신의 모든 사고방식이 바뀌게 될 것입니다. 이것을 '생각mind을 새롭게 하는 것'이라 부릅니다.

> 그러므로 형제들아 내가 하나님의 모든 자비하심으로 너희를 권하노니 너희 몸을 하나님이 기뻐하시는 거룩한 산 제물로 드리라 이는 너희가 드릴 영적 예배니라 너희는 이 세대를 본받지 말고 오직 마음mind;생각을 새롭게 함으로 변화를 받아 하나님의 선하시고 기뻐하시고 온전하신 뜻이 무엇인지 분별하도록 하라   롬 12:1-2

거듭난 영에 맞추어 당신의 사고방식을 바꿔야 합니다. 구원받을 때 우리 영은 완전히 새로운 피조물이 됩니다.

> 그런즉 누구든지 그리스도 안에 있으면 새로운 피조물이라 이전 것은 지나갔으니 보라 새 것이 되었도다   고후 5:17

당신의 거듭난 영은 언제나 하나님과 뜻을 같이합니다. 이 영에 이루어진 것과 일치되도록 말씀이 당신의 생각을 새롭게 할 것입니다.

하나님께서는 당신이 그분처럼 생각하고 행동하길 원하십니다! 그분의 말씀에 순복하면 애벌레가 아름다운 나비로 탈바꿈하듯이 당신의 삶이 변화될 것입니다. 당신이 생각을 새롭게 하지 않으면 세상이 당신을 경건하지 않은 모습으로 왜곡시킬 것입니다. 그러나 하나님을 아는 지식으로 변화를 받으면 당신은 당신의 삶을 통해 그리스도 예수를 점점 더 나타내게 될 것입니다.

변화된 영

그리스도께 우리의 삶을 드렸을 때 일어났던 급격한 변화의 영적인 본질을 사람들은 잘 이해하지 못합니다.

예를 들어 감옥에 수감된 많은 사람들이 상황이 바뀌기를 원하는 간절함 때문에 예수님을 영접하곤 합니다. 그러나 다음 날 눈을 떠보면, 여전히 그 감방에서 그 죄수복을 입고 똑같은 밥을 먹고 있습니다. 달라졌다는 느낌도 없고 상황은 전혀 바뀐 것이 없습니다. 즉각적인 외적 변화가 없기 때문에 낙심하고 아무 일도 일어나지 않았다고 잘못된 결론을 내리게 됩니다. 이런 이유로 많은 사람들이 생각을 새롭게 하는 것을 시작해 보지도 않고 그 어떤 구원의 유익도 누리지 못하게 됩니다. 구원을 받는 순간 우리 영은 완전히 변화되었지만 우리의 몸과 혼(생각, 의지, 감정)은 변하지 않았습니다. 당신이 거듭나기 전에 뚱뚱했다면, 구원받은 후에도 마찬가지입니다. 구원받기 전에 수학 성적이 나빴다면, 공부를 더 하지 않는 이상 구원받은 후에도 마찬가지입니다. 당신의 생각은 즉각적으로 변하지 않습니다. 새로워진 것은 당신의 영입니다! 영은 보거나 만질 수 없기 때문에 우리 안에 어떤 변화가 일어났는지는 하나님의 말씀을 통해서만 확실하게 알 수 있습니다.

> 살리는 것은 영이니 육은 무익하니라 내가 너희에게 이른 말은 영이요 생명이라   요 6:63

믿음이란, 당신의 영에 일어난 일에 대하여 눈에 보이는 것이 아니라 말씀이 선포하는 것을 단순하게 신뢰하는 것입니다.

진리를 신뢰하라

저는 여덟 살 때 주님을 영접했지만 '내가 구원받았다'는 사실을 진심으로 알게 된 것 외에는 별다른 경험이 없었습니다. 저를 괴롭히던 지옥에 대한 두려움은 사라졌지만, 그 외에 달라진 것은 느낄 수 없었습니다. 벨이 울리거나 환호 소리가 들리거나 폭죽이 터지는 것도 아니었습니다. 내가 진정 구원받았다고 하시는 하나님의 말씀만을 믿어야 했습니다. 그러나 생각을 새롭게 하면서 하나님의 신성한 성품에 점점 더 많이 참여하게 되었고 그분의 약속들을 누리게 되었습니다. 감정은 변하지만 진리는 변하지 않습니다! 진정으로 당신의 삶을 주님께 드렸다면 그분은 당신의 헌신을 언제나 존중해 주실 것입니다. 그분은 당신을 절대로 부인하거나, 떠나거나, 버리지 않으실 것입니다. 마 10:32, 히 13:5

하나님과 당신의 관계는 안전합니다. 그것을 느꼈든 못 느꼈든 간에 당신의 영에는 급격한 변화가 일어났으며 이제 당신은 완전히 새로운 사람이 되었습니다.

당신을 향한 하나님의 말씀은 진리라는 것을 믿으십시오! 생각을 새롭게 해나갈 때, 당신의 구원을 더 많이 경험하게 될 것입니다. 육신을 따라 생각하면서(육신의 다섯 가지 감각에서 느껴지는 대로) 부정적인 외부의 영향에 굴복한다면 하나님이 주시는 유익들을 누릴 수 없습니다. 하지만 주님께 당신의 생각을 고정시키고 거듭난 당신의 영과 일치하는 생각을 함으로써 하나님

말씀의 진리를 신뢰하면 하나님의 사랑과 화평과 기쁨을 경험하게 될 것입니다. 갈 5:22-23

선택은 당신에게 달려 있습니다. 생각을 새롭게 하는 것을 오늘 바로 시작합시다!

02

예수님은 주님이십니다

구원은 예수 그리스도를 믿음으로써 받는 하나님의 선물입니다.

> 죄의 삯은 사망이요 하나님의 은사gift;선물는 그리스도 예수 우리 주 안에 있는 영생이니라   롬 6:23

구원은 어떤 선한 행위로도 얻을 수 없습니다. 하나님은 당신이 하는 행위에 근거하여 영생을 주시지 않기 때문입니다. 예수 그리스도께서 죽으시고 장사되었다가 부활하시므로 필요한 모든 것을 다 이루셨습니다. 이 예수님을 믿는 것을 통해서만 영생을 받습니다! 아무리 선한 행위를 했더라도 그 행위로 구원받을 자격이 있는 사람은 아무도 없습니다.

모든 사람이 죄를 범하였으매 하나님의 영광에 이르지 못하더니
롬 3:23

하나님께서는 죄의 정도에 따라 당신을 대하지 않으십니다. 약간 모자라 천국에 못 들어간 것이나 많이 모자라 천국에 못 들어간 것이나 매한가지입니다. 그분의 기준에는 당신이 완전히 의롭거나 아니면 전혀 의롭지 않거나 둘 중의 하나입니다. 아주 간단합니다! 당신이 더없이 괜찮은 사람인 것 같아도 천국을 가는 데에는 턱없이 부족합니다! 주님께서는 그분이 아버지께로 가는 여러 길 중에 하나가 아니라 오직 한 길이라고 분명히 말씀하셨습니다!

예수께서 이르시되 내가 곧 길이요the way 진리요 생명이니 나로 말미암지 않고는 아버지께로 올 자가 없느니라
요 14:6

사도행전 4장 12절에서는 이렇게 선포하고 있습니다. "다른 이로써는 구원을 받을 수 없나니 천하 사람 중에 구원을 받을 만한 다른 이름을 우리에게 주신 일이 없음이라 하였더라." 오직 하나님의 아들이신 예수 그리스도를 믿음으로써 하나님 아버지께 이를 수 있으며 다른 방법은 없습니다!

육신을 입으신 하나님

예수께서 길에 나가실새 한 사람이 달려와서 꿇어 앉아 묻자 오되 선한 선생님이여 내가 무엇을 하여야 영생을 얻으리이까 예수께서 이르시되 네가 어찌하여 나를 선하다 일컫느냐 하나님 한 분 외에는 선한 이가 없느니라 네가 계명을 아나니 살인하지 말라, 간음하지 말라. 도둑질하지 말라, 거짓 증언 하지 말라, 속여 빼앗지 말라, 네 부모를 공경하라 하였느니라 그가 여짜오되 선생님이여 이것은 내가 어려서부터 다 지켰나이다

막 10:17-20

부자청년이 예수님께 물었습니다. "영생을 얻기 위해서는 뭘 해야 하나요?" 그는 자기 노력으로 천국에 들어가는 방법을 알기 원했습니다. 처음에 부자청년이 예수님을 "선한 선생님이여"라고 부른 것을 주목해 봅시다. 주님께서 선하신 분은 하나님 한 분 뿐이라고 말씀하시자, 부자청년은 '선한' 이라는 단어를 빼고 예수님을 단지 '선생님' 이라고만 부릅니다. 그가 예수님을 하나님으로 보지 않았다는 것을 보여주는 대목입니다. 예수님은 육신을 입으신 하나님이셨습니다. 예수님은 놀라운 겸손과 사랑의 본을 보여준 한 사람의 위인이 아닙니다. 예수님은 성육신하신 하나님이셨습니다.

> 크도다 경건의 비밀이여, 그렇지 않다 하는 이 없도다 그는 육신으로 나타난 바 되시고 영으로 의롭다 하심을 받으시고 천사들에게 보이시고 만국에서 전파되시고 세상에서 믿은 바 되시고 영광 가운데서 올려지셨느니라 딤전 3:16

　예수님께서 우리를 속인 것이 아니라면 그분은 자신에 대해 말한 바로 그분입니다. 어떤 사람이 하나님도 아니면서 자신이 하나님이라고 주장한다면, 그런 거짓말을 하는 사람을 선하다고 볼 수는 없겠지요. 하지만 예수님께서 죽었다가 부활하셨다는 역사적 증거는 '줄리어스 시저'가 이 땅에 존재했었다는 증거보다 훨씬 더 많이 있습니다. 모든 종교와 이단들도 예수님께서 역사적 인물이었다는 것은 인정합니다만 그분을 하나님으로 믿지는 않습니다. 예수님을 하나님께서 보내신 선지자 혹은 영적인 스승 정도로 볼 뿐 그분의 신성은 인정하지 않는 것입니다.

　부자청년도 이와 같이 '선한'이란 수식어를 떼어 버림으로 예수님을 단지 한 '선생님'으로만 본 것입니다. 그는 자기 앞에 서 있는 이 사람을 도저히 하나님으로 믿을 수 없었습니다. 그러나 예수님께서 하나님의 아들이 아니시라면 아버지께 이르는 길도 없는 것입니다! 모든 것이 예수님의 신성에 달려 있습니다.

　주님께서는 "이는 모든 사람으로 아버지를 공경하는 것같이 아들을 공경하게 하려 하심이라. 아들을 공경하지 아니하는 자는 그를 보내신 아버지도 공경하지 아니하느니라"요 5:23라고 말씀하셨습니다.

예수님께서 하나님이 아니시라면, 그분의 생명이 다른 사람들의 생명보다 나을 것이 없기 때문에 그 생명을 십자가에 못 박는다 해도 인류를 구원할 수는 없었을 것입니다. 그러나 예수님은 육신을 입으신 하나님이셨기 때문에 하나님이신 그분의 생명은 모든 인류의 생명을 합친 것보다 귀하며 그분의 생명을 희생 제물로 바친 것은 모든 인류를 대속하기에 지금부터 영원까지 충분합니다!

위대한 교환

기독교에만 구세주에 대한 믿음이 있습니다. 그 외에 모든 종교에서는 각자의 행위에 따라 '거룩함'이 결정됩니다. 거룩하게 살수록 자신들의 신에게 인정받을 확률이 높아진다고 생각하기 때문입니다. '구원'의 근거가 자신의 행위에 있기 때문에 결국 자기가 자신의 구원자가 된다는 뜻입니다. 그러나 하나님은 인간이 완벽한 삶을 살 수 없음을 아셨습니다! 인간에게 모든 것을 완벽하게 하라고 요구하지 않으시고 당신의 죄를 십자가 위에서 해결하시기 위해 오셨습니다.벧전 2:24 당신에게 구원을 선물로 주시기 위해 당신이 받을 징벌을 대신 받으셨습니다. 구세주를 보내주신 하나님을 찬양합니다! 예수님께서는 당신이 의로워질 수 있도록 당신의 죄를 가져가셨습니다!

> 하나님이 죄를 알지도 못하신 이를 우리를 대신하여 죄로 삼으신 것은 우리로 하여금 그 안에서 하나님의 의가 되게 하려 하심이라 고후 5:21

하나님께서는 당신이 심판을 받지 않게 하시려고 죄에 대한 그분의 심판을 십자가에서 예수님에게 하셨습니다. 따라서 당신이 주님을 믿고 영접할 때 하나님은 예수님의 의를 당신에게 주십니다. 이 얼마나 위대한 교환입니까!

이 교환이 일어나는 그 순간, 당신의 영은 예수 그리스도의 의로 다시 태어납니다. 그렇게 되면 영으로 하나님과 교제할 수 있게 됩니다.

> 하나님은 영이시니 예배하는 자가 영과 진리로 예배할지니라 요 4:24

당신이 죄를 지을 때조차도 거듭난 당신의 영은 오염되지 않습니다. 그리스도의 영으로 당신의 거듭난 영을 인치셨기 때문에 죄가 침투할 수 없습니다.

> 그 안에서 너희도 진리의 말씀 곧 너희의 구원의 복음을 듣고
> 그 안에서 또한 믿어 약속의 성령으로 인치심을 받았으니
>
> 엡 1:13

거듭난 영의 새로운 본성은 항상 거룩하기 때문에 당신은 언제든지, 어떤 상태에서든지 하나님께 나아갈 수 있습니다. 이 얼마나 좋은 소식입니까!

믿음으로 유지하기

그리스도인의 삶은 믿음으로 시작되고 믿음으로 유지됩니다. 자신의 행위에 의지하여 살려고 하면 결국엔 자기 정죄에 빠지고 맙니다. 당신이 육신을 입고 있는 한 자신의 모습이 기대에 미치지 못할 때가 있을 것입니다.

이 점을 주의하지 않으면 완벽하지 못한 자신을 자책하면서 '어떻게 하나님은 이렇게 실수가 많은 사람을 사랑할 수 있을까' 하는 생각을 가지게 됩니다. 당신이 실수를 할 때도 하나님의 사랑은 변하지 않습니다. 당신이 죄인이었을 때에도 당신을 위해 십자가에 달리셨는데 이제 그리스도인이 되었으니 당신을 얼마나 더 사랑하시겠습니까!

우리가 아직 죄인 되었을 때에 그리스도께서 우리를 위하여 죽으심으로 하나님께서 우리에 대한 자기의 사랑을 확증하셨느니라 그러면 이제 우리가 그의 피로 말미암아 의롭다 하심을 받았으니 더욱 그로 말미암아 진노하심에서 구원을 받을 것이니 곧 우리가 원수되었을 때에 그의 아들의 죽으심으로 말미암아 하나님과 화목하게 되었은즉 화목하게 된 자로서는 더욱 그의 살아나심으로 말미암아 구원을 받을 것이니라 롬 5:8-10

하나님께서는 그리스도인이 된 당신을 이전보다 더 사랑하십니다. 죄를 지을 때조차도 사랑하십니다. 당신의 부족함 때문에 하나님의 변함없는 사랑에서 멀어지는 일이 절대 없게 하십시오!

율법의 목적

인류가 스스로를 구원할 수 없다는 것을 보여주시기 위해 하나님께서 우리에게 주신 것이 바로 율법입니다. '십계명'은 단지 빙산의 일각에 지나지 않습니다. 율법에는 수천 개의 규칙이 있습니다. 우리가 마가복음 10장에서 살펴보았듯이, 예수님께서는 몇 가지 율법을 예로 들어 스스로 영생을 얻을 만큼 거룩해질 수 없음을 부자청년에게 보여주려 하셨습니다.

> 네가 계명을 아나니 살인하지 말라, 간음하지 말라, 도둑질
> 하지 말라, 거짓 증언하지 말라, 속여 빼앗지 말라, 네 부모를
> 공경하라 하였느니라   막 10:19

이 젊은이는 자신의 행위로 영생을 얻을 수 있다고 진실로 믿고 있었습니다. 행위를 통해 얻어내려는 것과 믿음으로 거저 받는 것은 천지 차이입니다! 비교하자면, 율법은 마치 창의 유리와도 같습니다. 작은 돌에 맞아 깨지든 큰 돌에 맞아 깨지든 깨지는 것은 매한가지입니다!

> 누구든지 온 율법을 지키다가 그 하나를 범하면 모두 범한
> 자가 되나니   약 2:10

하나님은 "최선을 다해봐라. 나머진 내 긍휼로 채워주마."라고 하지 않으십니다. 온전히 자신만의 행위로 거룩한 삶을 살아 영생을 얻든지(불가능함) 아니면 믿음으로 거저 선물로 받든지 둘 중 하나입니다. 미혹된 이 부자청년은 자신의 노력을 내려놓고 예수님을 신뢰해야 했습니다.

자신이 영생을 받을 만한 자격이 있다는 것을 예수님께 증명하기 위해 이 부자청년은 어렸을 적부터 십계명을 다 지켰다고 말했습니다. 그것은 절대 불가능한 일입니다! 부자청년의 이런 생각은 바로 지옥으로 가는 길입니다! 하지만 예수님께서는 이

부자청년을 사랑하셔서서 그를 이 미혹으로부터 건져주시려고 하셨습니다.

> 예수께서 그를 보시고 사랑하사 이르시되 네게 아직도 한 가지 부족한 것이 있으니 가서 네게 있는 것을 다 팔아 가난한 자들에게 주라 그리하면 하늘에서 보화가 네게 있으리라 그리고 와서 나를 따르라 하시니 그 사람은 재물이 많은 고로 이 말씀으로 인하여 슬픈 기색을 띠고 근심하며 가니라
>
> 막 10:21-22

자신의 소유를 다 팔아 가난한 사람에게 주라고 하셨을 때 예수님께서는 이 부자청년이 진짜로 섬기는 '신'을 건드리신 것입니다. 그렇지만 부자청년은 자신의 소유를 내려놓고 예수님을 선택하지 않았습니다. 그가 첫 번째 계명을 어겼기 때문입니다.

> 너는 나 외에는 다른 신들을 네게 두지 말라 출 20:3

하나님께서는 우리가 돈을 소유하는 것을 반대하시는 것이 아니라 돈이 우리를 소유하는 것을 반대하십니다! 소유를 다 팔아 가난한 자들에게 나누어 주어야 구원을 받을 수 있는 것이 아닙니다. 삭개오라는 부자가 예수님을 만나 회개했을 때, 자기 소유의 반을 가난한 사람에게 주겠다고 했습니다.눅 19:1-9 예수님께서

명하신 것이 아니라 삭개오가 마음의 변화를 받아 스스로 선택한 것입니다. 예수님께서 하시는 말씀의 요점은 '하나님을 대신하여 우리 안에 자리 잡은 우상이 무엇인가?' 하는 것입니다.

결론

예수님은 단순히 선한 한 사람이고 예수님 이외에도 하나님께 이르는 길이 많이 있다고 생각한다면 당신은 아직 예수님을 삶의 주인으로 받아들인 것이 아닙니다. 예수는 만유의 주이시거나 그렇지 않거나 둘 중 하나입니다! 기꺼이 당신의 무릎을 그분 앞에 꿇고 예수님을 하나님이자 최고의 주권자로 인정할 수 없다면 그분을 통해서만 오는 구원도 받을 수가 없습니다. 아주 간단합니다. 예수 그리스도만이 당신의 구세주이시거나 아니면 구세주가 아니시거나 둘 중 하나입니다!

03

사망에서 생명으로

모든 사람은 하나님과 분리된 상태로 세상에 태어납니다.시 51:5 아담과 하와가 죄를 범했을 때 그들은 영적으로 죽었습니다. 비록 육체적으로는 그 즉시 죽지 않았지만, 그들의 영은 하나님과 분리되어 사탄의 다스림을 받게 되었습니다.창 3장 그 이후로 세상의 모든 사람들은 죄성을 가지고 태어나게 되었습니다.

> 그러므로 한 사람으로 말미암아 죄가 세상에 들어오고 죄로 말미암아 사망이 들어왔나니 이와 같이 모든 사람이 죄를 지었으므로 사망이 모든 사람에게 이르렀느니라   롬 5:12

그러나 자신의 잘못에 대한 책임을 질 나이가 되기 전까지는 그 죄가 적용imputed되지 않습니다. 즉 하나님의 율법을 의도적으로 거스를 정도로 성장하기 전까지는 죄에 대한 책임을 갖지 않는다는 것입니다.롬 7:9 이 나이는 사람에 따라 다르지만 일단 이 나이에 도달하게 되면 가능한 빨리 거듭나야 합니다. 육적인 탄생으로 이 세상에 왔듯이 영적인 탄생으로 하나님의 나라에 들어가기 때문입니다.

> 예수께서 대답하여 이르시되 진실로 진실로 네게 이르노니 사람이 거듭나지 아니하면 하나님의 나라를 볼 수 없느니라 니고데모가 이르되 사람이 늙으면 어떻게 날 수 있사옵나이까 두 번째 모태에 들어갔다가 날 수 있사옵나이까 예수께서 대답하시되 진실로 진실로 네게 이르노니 사람이 물과 성령으로 나지 아니하면 하나님의 나라에 들어갈 수 없느니라
> 요 3:3-5

거듭나는 순간, 당신은 사망에서 생명으로 옮겨집니다.

> 내가 진실로 진실로 너희에게 이르노니 내 말을 듣고 또 나 보내신 이를 믿는 자는 영생을 얻었고 심판에 이르지 아니하나니 사망에서 생명으로 옮겼느니라   요 5:24

구원을 받는 순간, 타고난 죄성은 죽고 그 대신 새롭고 의로운 본성을 받습니다. 당신은 더 이상은 죄인이 아니며 그리스도 안에서 의롭습니다!

다시는 죗값이 부과되지 않습니다!

　하나님은 자신의 영광을 선의 기준으로 삼으셨습니다. 다른 죄인들과 비교하면 좀 더 괜찮아 보일 수도 있지만 예수님과 비교할 때 거룩한 사람은 아무도 없습니다! 로마서 3장 23절은 "모든 사람이 죄를 범하였으매 하나님의 영광에 이르지 못하더니"라고 말합니다. 지옥에 간 죄인들 중에서 최고로 선한 죄인이 된들 무슨 소용이 있겠습니까? 우리 모두 구세주가 필요합니다. 하나님께서는 모든 사람들을 죄인이라고 선언하셨지만 그분은 우리를 사랑하셔서 대속해 주기 원하셨습니다. 이 대속을 통해, 하나님은 예수를 믿음으로써 영접하는 모든 사람들을 의롭다고 칭하실 수 있게 되었습니다. 우리가 아무리 악하다 할지라도 그리스도를 영접하는 바로 그 순간 의롭게 됩니다.

　자신의 행위로는 어느 누구도 구원을 받을 자격이 없다는 것을 거듭난 그리스도인들은 압니다. 오직 예수 그리스도와 그가 십자가에서 완성하신 일을 믿음으로써 구원을 받는 것입니다. 다른 모든 종교에서는 자신들의 거룩함, 즉 하나님을 위해 자신들이 하는 일을 근거로 하나님께 다가가려고 합니다. 하지만 그리스도인들은 하나님께서 우리를 위해 하신 일을 마음으로 굳게 믿는 믿음을 근거로 하나님께 다가갑니다.

　우리의 모든 죄, 과거와 현재와 미래의 죄까지 주님을 영접하는 순간 다 용서받았습니다. 이제 당신은 영원한 구원을 받았고 영원한 유업을 받았습니다.히 9-10장 당신의 영은 하나님이 보시기에 영원히 성화되었고 완벽해졌습니다.

> 하늘에 기록된 장자들의 모임과 교회와 만민의 심판자이신
> 하나님과 및 온전하게perfect 된 의인의 영들과
> 히 12:23

죗값은 당신에게 다시는 부과되지 않을 것입니다!

생명을 택하라!

완전한 용서를 받았다 하더라도 어떻게 살아가느냐는 중요합니다! 원수 마귀가 당신을 파멸시키려고 혈안이 되어 있기 때문입니다.

> 도둑이 오는 것은 도둑질하고 죽이고 멸망시키려는 것뿐이요
> 내가 온 것은 양으로 생명을 얻게 하고 더 풍성히 얻게 하려는
> 것이라
> 요 10:10

어떤 선택을 하느냐에 따라 사망을 경험하기도 하고 생명을 경험하기도 합니다.

> 너희 자신을 종으로 내주어 누구에게 순종하든지 그 순종함을 받는 자의 종이 되는 줄을 너희가 알지 못하느냐 혹은 죄의 종으로 사망에 이르고 혹은 순종의 종으로 의에 이르느니라
>
> 롬 6:16

죄에 굴복하면 도둑질하고, 죽이고, 파괴하는 것이 목적인 존재에게 굴복하는 것입니다. 죄는 마귀에게 틈을 내어주고 마귀는 그 기회를 십분 이용할 것입니다! 죄를 지었다면 회개하면 됩니다. 하나님께서는 당신을 떠나지도 버리지도 않으십니다. 그분은 이미 당신을 용서하셨습니다. 그러니 '죄를 지으면 하나님께서 더 이상 당신을 사랑하지 않으시고 구원을 잃어버린다'는 거짓에 속지 마십시오. 하나님 아버지께서는 예수님을 버리시고 심판하셔서 당신이 버림받고 심판받지 않게 하셨습니다. 생각을 바꾸고 죄에서 돌아서십시오. 그리고 이렇게 선포하세요. "사단아 내가 너를 꾸짖는다. 예수님의 피가 나를 자유케 하였다. 내가 이번에 비록 잘못했지만 너는 나를 파멸시킬 수 없어. 하나님께서는 나를 사랑하시고 나는 하나님을 따르기로 선택했다!"

이렇게 하면 죄를 지었을 때도 사단이 당신의 삶에 개입할 수 없습니다. 하나님께서 보여주신 길을 따라 살지 않는다면 사단에게 틈을 내주게 되고 사단은 그 기회를 놓치지 않고 당신을 이용할 것입니다. 하나님의 말씀으로 생각을 새롭게 하고 믿음으로 말씀을 행하십시오. 예수님께서 이루어 놓으신 풍성한 삶은

당신도 누릴 수 있습니다. 이것에 대해 더 알고 싶으시면 저의 책 「영·혼·몸」을 읽어보시면 좋겠습니다.

파트 2

하나님을 사랑하기

자, 이제 당신은 거듭났습니다. 그럼 다음 단계는 무엇일까요? 하나님께서는 당신의 삶의 패턴을 새롭게 하시기 원합니다. 하나님과 함께 '첫 단계들'을 밟으면 하나님과의 관계가 성장하는 데 필요한 견고한 기반을 마련할 수 있습니다. 이것을 하느냐, 하지 않느냐에 따라 당신을 향한 하나님의 사랑이 달라지는 것이 아닙니다. 달라지는 것은 하나님을 향한 당신의 사랑입니다. 완전히 새로운 삶이 당신에게 선물로 주어졌습니다. 말할 수 없는 잠재력으로 가득한 그런 삶입니다. 하나님께서 당신에 대해 갖고 계신 계획보다 못한 것에 주저앉아 만족할 이유가 뭡니까? 하나님과 사랑에 푹 빠져봅시다. 하나님은 우리의 사랑을 받으실 충분한 자격이 있으십니다!

04

세례를 받으라

거듭난 믿는 자는 물로 세례를 받아야 합니다. 구원을 받기 위해서가 아니라 구원을 받았기 때문에 세례를 받는 것입니다.

> 무릇 그리스도 예수와 합하여 세례를 받은 우리는 그의 죽으심과 합하여 세례를 받은 줄을 알지 못하느뇨 그러므로 우리가 그의 죽으심과 합하여 세례를 받음으로 그와 함께 장사되었나니 이는 아버지의 영광으로 말미암아 그리스도를 죽은 자 가운데서 살리심과 같이 우리로 또한 새 생명 가운데서 행하게 하려 함이니라
>
> 롬 6:3-4, 개역한글

물로 세례를 받는 것은 하나님의 말씀에 순종하는 것이며, 그리스도의 몸 안으로 세례를 받는 것을 상징합니다. 구원을 받는 순간 당신은 눈에 보이지 않는 '무형의 교회the universal church'의

일원이 됩니다. 그리스도 예수를 믿는 자로서, 그분의 영원한 몸eternal body의 일부가 되는 것입니다.

> 몸이 하나요 성령도 한 분이시니 이와 같이 너희가 부르심의 한 소망 안에서 부르심을 받았느니라 주도 한 분이시요 믿음도 하나요 침례도 하나요 하나님도 한 분이시니 곧 만유의 아버지시라 만유 위에 계시고 만유를 통일하시고 만유 가운데 계시도다 　　　　　　　　　　　　　　　엡 4:4-6

당신은 주 예수 그리스도를 믿는 모든 믿는 자들과 하나가 되었습니다. 그들과 출석하는 교회가 다르고 믿는 바가 완전히 똑같지는 않더라도 당신은 그리스도의 몸에 속한 모든 믿는 자들과 연합되었습니다! 하나님의 말씀은 물로 세례를 받으라고 명령하고 있습니다.

> 또 이르시되 너희는 온 천하에 다니며 만민에게 복음을 전파하라 믿고 세례를 받는 사람은 구원을 얻을 것이요 믿지 않는 사람은 정죄를 받으리라 　　　　　　　　　막 16:15-16

> 그러므로 너희는 가서 모든 민족을 제자로 삼아 아버지와 아들과 성령의 이름으로 세례를 베풀고 　　　마 28:19

사도행전에는 초대교회가 복음을 전파하고 이 명령에 순종한 많은 예가 있습니다. 오순절에 구원받은 사람들도 침례를 받았습니다.행 2:41

빌립은 이디오피아의 내시와 사마리아의 개종자들에게 물로 세례를 주었습니다.행 8장 따라서 새로 믿는 자들에게 물속으로 완전히 잠기는 침례를 주는 것이 오늘날 우리가 따라야 하는 성경적 표본입니다. 종교 의식에 따라서 어린 아이에게 물을 뿌리는 것으로는 충분하지 않습니다. 또한 진정으로 회심하기 전에 받은 유아세례는 성경적으로 타당한 세례라고 할 수 없습니다. 예수님을 믿는 것이 세례받는 것의 전제 조건임을 성경은 분명히 하고 있습니다.행 8:36-37 먼저 믿은 후에 물로 세례를 받는 것입니다.

구원의 표징

그리스도인으로 살아가는 데 있어 물세례가 중요한 첫 단계이기는 하지만 구원을 받기 위한 조건은 아닙니다. 구원을 얻기 위해서 반드시 물로 세례를 받아야 한다고 가르치는 이들이 있는데 이는 다음 말씀을 잘못 해석했기 때문입니다.

베드로가 이르되 너희가 회개하여 각각 예수 그리스도의

이름으로 세례를 받고 죄사함을 받으라 그리하면 성령의 선
물을 받으리니   행 2:38

  어떤 이들은 이 말씀을 근거로 죄사함을 받기 위해서는 반드시 회개하고 세례를 받아야 한다고 주장합니다. 이 구절에서 중요한 단어는 '위해서' 입니다(KJV에는 '죄사함을 받기 위해서for 세례를 받으라' 고 되어있음 역자주). '위해서' 는 '받기 위해서' 라고 해석할 수도 있지만 종종 '그 결과로, 무엇 때문에' 등으로 해석되기도 합니다. 이 구절은 회개(주님께 내 믿음을 두는 것)를 하고 주님을 향한 내 믿음을 증명하는 뜻으로 세례를 받으라는 것입니다. 즉 거듭남의 결과로서, 거듭났기 때문에, 거듭난 이후에 세례를 받으라는 것입니다. 또 구원을 받기 위해서는 꼭 물세례를 받아야 한다고 가르치는 사람들은 종교적 행위를 통해 내 개인의 거룩함으로 구원을 얻어내야 한다고 주장하는 것입니다. 이는 전적으로 하나님 말씀에 위배됩니다.

  물세례는 구원을 받았다는 표징입니다. 사도행전 10장에서 하나님께서는 천사를 통해 고넬료에게 욥바에 있는 베드로를 데리고 오라고 말씀하셨습니다. 베드로가 가이사랴에 도착해서 고넬료와 그와 함께한 자들에게 말씀을 전하기 시작했을 때 그들이 모두 성령으로 세례를 받고 방언을 하며 예언도 했습니다. 이에 베드로가 "누가 능히 물로 침례 베풂을 금하리요?"라고 했는데 이것은 그들이 먼저 거듭난 후에 성령을 받고 그 이후에 물로

세례를 받았다는 뜻입니다. 44-48절 즉 물세례는 이들이 이미 구원받았음을 상징적으로 나타내는 것입니다.

성령세례

먼저 거듭난 후 물로 세례를 받았으면, 그 다음에는 성령의 능력을 받아야 합니다.

> 이 말씀을 하시고 그들을 향하사 숨을 내쉬며 이르시되 성령을 받으라   요 20:22

하나님께서 원하시는 것은 우리가 우리 스스로의 힘으로 하나님을 위해서 사는 것이 아니라 성령님의 초자연적인 능력으로 나를 통하여 하나님께서 사시는 것입니다. 예수님께서도 성령으로 세례를 받으셨습니다.

> 백성이 다 세례를 받을 새 예수도 세례를 받으시고 기도하실 때에 하늘이 열리며 성령이 비둘기 같은 형체로 그의 위에 강림하시더니 하늘로부터 소리가 나기를 너는 내 사랑하는 아들이라 내가 너를 기뻐하노라 하시니라   눅 3:21-22

주의 성령이 내게 임하셨으니 이는 가난한 자에게 복음을 전하게 하시려고 내게 기름을 부으시고 나를 보내사 포로 된 자에게 자유를, 눈 먼 자에게 다시 보게 함을 전파하며 눌린 자를 자유롭게 하고 주의 은혜의 해를 전파하게 하려 하심이라 하였더라 눅 4:18-19

하나님의 아들도 성령님이 필요하셨다면 우리는 얼마나 더 그렇겠습니까? 성령의 은사는 믿음으로 구하는 모든 자들에게 주어집니다.

구하는 이마다 받을 것이요 찾는 이는 찾아낼 것이요 두드리는 이에게는 열릴 것이니라 너희 중에 아버지 된 자로서 누가 아들이 생선을 달라 하는데 생선 대신에 뱀을 주며 알을 달라 하는데 전갈을 주겠느냐 너희가 악할지라도 좋은 것을 자식에게 줄 줄 알거든 하물며 너희 하늘 아버지께서 구하는 자에게 성령을 주시지 않겠느냐 하시니라 눅 11:10-13

당신의 하늘 아버지는 좋은 선물을 주시는 분입니다. 믿음으로 구하면 당신도 성령세례를 받을 것입니다! 성경은 성령세례와 물세례를 받으라고 분명하게 명하고 있습니다. 주님께서는 우리가 거듭난 직후에 믿음과 순종으로 물세례와 성령세례를 받도록 이끌어 주십니다. 물세례와 성령세례는 우리의 신앙생활에 엄청난 유익을 가져다줍니다! 이 책의 후반부 '성령님'을 참고하셔서 성령세례에 대해 더 심층적으로 살펴보시기 바랍니다.

05

확고한 기반을 구축하기

성경은 하나님의 말씀입니다. 그 말씀을 통하여 하나님께서는 당신에게 지혜를 주시며 당신의 길을 인도하실 것입니다.

갓난 아기들 같이 순전하고 신령한 젖을 사모하라 이는 그로 말미암아 너희로 구원에 이르도록 자라게 하려 함이라

벧전 2:2

갓난아기가 어머니의 젖을 통해 영양분을 공급받듯이 새롭게 거듭난 성도들도 성경으로부터 영적인 영양분을 공급받습니다. 하나님의 말씀을 자주 먹을 때 성장하게 됩니다! 하나님의 말씀은 하나님의 호흡이 깃들어 있습니다. God-breathed

모든 성경은 하나님의 감동으로 된 것으로… 딤후 3:16

성경은 하나님의 생명으로 가득 차 있습니다. 이 말씀을 읽을 때 하나님의 생명이 당신 안에서 살아날 것이며 하나님의 말씀을 통해 당신을 구원하신 놀라운 사랑의 하나님을 알게 될 것입니다. 은혜와 예수 그리스도를 아는 지식에서도 성장하게 될 것이며 모든 선한 일을 행할 능력을 갖추게 될 것입니다.딤후 3:17 하나님께서는 성경말씀을 통해 당신에게 직접 말씀하실 것입니다.

> 하나님의 말씀은 살아 있고 활력이 있어 좌우에 날선 어떤 검보다도 예리하여 혼과 영과 및 관절과 골수를 찔러 쪼개기까지 하며 또 마음의 생각과 뜻을 판단하나니 히 4:12

머리로만 성경을 이해하려고 하지 말고 하나님께서 주시는 것을 받기 위해서 마음을 열고 말씀 앞에 섭시다!

여러 성경번역본 중에서 이해하기 쉬운 것을 고르십시오. 하나님께서는 말의 표현 방식 때문에 하나님을 알아가려는 당신의 노력이 방해받기를 원치 않으십니다. 저는 개인적으로 킹 제임스 성경을 보는데 어려서부터 그것을 읽어왔기 때문입니다. 하지만 어떤 분들에게는 옛날식 표현이 어려울 수 있습니다. 만약 그렇다면 당신이 좋아하는 번역본을 고르셔서 그것을 읽고, 연구하고, 묵상하시면 됩니다. 어떤 번역본이라도 읽는 것이 아예 안 읽는 것보다는 훨씬 낫습니다. 성령님께서 차후에 필요에 따라 더 적당한 번역본으로 당신을 인도해 주실 것입니다. 그러나 지금은 당신의 심령 가운데 하나님의 말씀의 견고한 기초를 세우는 것이 가장 중요합니다!

하나님의 말씀 - 최고의 권위

성경에 대한 기본적 이해는 매우 도움이 됩니다. 저는 신학교나 성경학교를 다닌 적은 없지만 하루에 16시간씩 성경을 공부했고 그것은 저의 삶에 혁명을 일으켰습니다! 읽는 즉시 깨달아지는 부분도 있었고 이해하는 데에 몇 년이 걸린 부분도 있었습니다. 하지만 하나님의 말씀은 너무 깊어 절대 질리는 법이 없습니다. 생명과 경건에 속한 모든 것이 하나님의 말씀 속에 있습니다!

제가 구원을 받았을 때 누군가 구약과 신약의 차이를 저에게 설명해 주었다면 얼마나 좋았을까요? 하나님께서 각기 다른 두 언약 아래서 사람들을 완전히 다르게 다루신다는 것을 이해하기까지 저는 오랜 시간이 걸렸습니다. 대부분의 그리스도인들이 성경을 하나로 보고 다 같은 말을 하고 있다고 생각합니다. 구약에서는 분노와 심판의 하나님이 어떻게 신약에서는 은혜와 용서의 하나님이 되는지 그들은 이해하지 못합니다. 그들은 예수 그리스도가 이 땅에 오신 이후로 하나님과 인간의 관계가 어떻게 변했는지를 이해하지 못하고 있습니다. 우리는 예수 그리스도 안에서 새 언약 안에 있습니다!

주변의 성숙한 그리스도인이 이끌어 주면 많은 시간과 노력을 낭비하지 않아도 되지만 그래도 본인 스스로 하나님 말씀을 확인해 보아야 합니다. 사람들은 우리를 잘못된 길로 인도할 수 있기 때문에 옳은 것만을 받아들이기 위해 항상 조심해야 합니다. 따라서 그 사람들이 한 말과 성경말씀이 일치하는지 확인하는 절차가 매우 중요합니다. 성경과 맞지 않는 것은 버리고 일치하는 말씀만을 붙드십시오. 하나님의 말씀이 뭐라고 하시는지가 제일 중요합니다! 하나님의 말씀은 능력이 있습니다! 성경말씀은 단지 인간이 하나님에 대해서 쓴 책이 아닙니다. 어떤 사람들은 성경에 대해 의문을 제기하고 일관성이 없는 부분이 많다고 지적하기도 합니다. 그러나 변증론에 관한 좋은 책들이 많이 있어서 이러한 의문에 대한 해답을 제시하고 또한 성경의 권위를 확인해 주고 있습니다. 성경말씀은 하나님께서 사람을 통해 당신에게 말씀하시고 있는 책입니다. 신약과 구약의 66권 모두는 하나님의 영감을 받은 것으로 무오성을 유지해 왔습니다. 당신의 일은 성경에 기록된 대로 말씀을 해석하고 믿는 것입니다. 그렇게 하면 하나님께서 직접 당신과 교제하십니다. 이 얼마나 멋진 일입니까!

06

지역 교회에 출석하십시오

   지금까지 제가 말씀드린 과정들, 즉 물세례, 성령세례, 하나님의 말씀 안에서 확고한 기반을 세우는 것은 좋은 지역 교회에 등록하시면 쉽게 해결되는 것들입니다. 주님께서 교회를 만드셨고 교회는 하나님의 백성의 모임으로 서로 사랑하고 같이 기도하고 서로를 세워주는 목적으로 정기적인 모임을 가지는 곳입니다. 교회가 항상 그 목적대로만 기능하지는 못하더라도 교회는 지구상에서 가장 위대한 기관입니다! 많은 사람들이 주님을 사랑하지만 주님의 백성들은 좋아하지 않습니다. 그리스도인들이 하나님의 모습을 나타내야 하는데 그러지 못하기 때문입니다. 그런 사람들은 못된 마음과 위선으로 다른 사람들에게 상처를 줍니다. 예수님도 같은 문제를 겪으셨습니다. 불신자들은 예수님을 환영했지만 종교적인 사람들은 그분을 박해했습니다. 이런 이유로 당신 또한 그리스도께 삶을 드리고 그분과 교제하기 원하면서도 교회와는 연관되기를 원치 않을 수도 있습니다. 그 심정은 이해할 수 있지만 그것은 올바른 태도가 아닙니다. 그것은 마치 물이 새는 배를 고치는 사람에 비유할 수 있습니다. 그래도 배 안에서 배를 고치는 것이 배 밖에서 물에 빠지는 것보다는 낫지 않습니까? 석탄은 불 속에 있어야 뜨거움을 유지할 수 있습니다. 좋은 교회에 참석해야 영적으로 성장할 수 있습니다. 믿는 자들은 타는 불 속에 들어 있는 뜨거운 석탄과도 같습니다. 지역 교회에 출석하면서 그곳의 믿는 자들과 관계를 유지할 때 뜨겁게 타오를 수 있습니다. 다른 석탄과 떨어져 혼자 있으면 곧 식어버립니다. 불 속에 머무르십시오! 바람직하지 못한 교회가 많이 있다 하더라도 좋은 교회를 찾으려는 노력은 그만한 가치가 있습니다. 모든 믿는 자는 지역 교회에 속해 있어야 합니다! 그곳에서 하나님 말씀을 따라 살아오면서 어려운 시간을 극복해온 그리스도인들로부터 많은 것을 배울 수 있습니다. 아무나 믿어서는 안 되지만 하나님께서 당신의 성장을 돕기 위해 영적 지도자를 보내주실 것입니다.

> 그가 어떤 사람은 사도로, 어떤 사람은 선지자로, 어떤 사람은 복음 전하는 자로, 어떤 사람은 목사와 교사로 삼으셨으니 이는 성도를 온전하게 하여 봉사의 일을 하게 하며 그리스도의 몸을 세우려 하심이라　　　　　　　　　　엡 4:11-12

많은 초신자들이 사람을 통하지 않고 모든 것을 하나님으로부터 직접 공급받으려고 합니다. 하지만 주님은 성숙한 그리스도인들을 통하여 이제 막 신앙생활을 시작한 사람들을 세우고 강하게 하길 원하십니다. 하나님께서는 사도, 선지자, 복음 전하는 자, 목사, 교사들을 사역의 목적에 맞게 사용하십니다. 예수의 몸을 세우기 위하여 하나님께서 이들을 주셨기 때문입니다.

"우리가 하나님의 아들을 믿는 것과 아는 일에 하나가 되어 온전한 사람을 이루어 그리스도의 장성한 분량이 충만한 데까지 이를 때까지" 엡 4:13 이들을 우리에게 주신 것입니다. 교회가 온전히 이에 이르지는 못하였기에 하나님께서는 그분의 목적을 이루기 위하여 다섯 가지 직임의 은사를 여전히 사용하고 계십니다. 주께서 만드신 제도에 순종하는 것이 중요합니다! 믿는 자들과 교제하지 않는 것은 하나님께 불순종하는 행위입니다. 그래도 하나님께서는 여전히 당신을 사랑하시며 당신이 구원을 잃어버리지는 않겠지만, 자신의 상처에 부딪히거나 어려운 상황에 직면할 때는 차갑게 식어버린 석탄같이 살아가게 될 것입니다. 당신을 사랑하고 당신이 처한 상황을 이해하는 믿음의 사람들로부터 견고한 지원을 받지 못한다면 바다 한가운데 혼자 떠다니는 처지가 될 것입니다. 이제 좋은 교회의 일원이 되어야 하는 분명한 이유를 아셨을 것입니다!

하나님의 사람들과의 교제

 신앙이 어릴 때 듣는 말들은 영적 성장에 엄청난 영향을 끼칩니다. 초신자들은 마치 여린 화초와도 같아서 뿌리가 깊이 내릴 때까지 안전한 환경 아래 있어야 합니다. 제가 신앙이 어렸을 때는 하나님의 말씀에 어긋나는 설교를 들으면 예배 중에 밖으로 나가버리곤 했었습니다. 지금은 그러지 않습니다. 왜냐하면 지금은 그것이 그때만큼 제게 해가 되지 않는다는 것을 알기 때문입니다. 하지만 계속해서 말씀에 어긋난 설교를 듣고만 있지는 않습니다. 별로 현명한 선택이 아니니까요. 무엇이든지 반복적으로 듣다 보면 결국에는 믿게 되기 때문입니다. 영적 뿌리가 되는 기반을 형성하고 있을 때, 성경적으로 바른 설교를 듣는 것이 아주 중요합니다. 반면, 설교도 중요하지만 교회는 설교만 듣는 곳은 아닙니다. 지역 교회에 참여하면 그곳의 그리스도인들을 통해 교제와 관계의 필요가 채워집니다.
 저 자신도 미디어 사역자입니다만, 이런 미디어 사역이 제공하는 설교 테이프, 책, 인터넷, 라디오, 텔레비전 등을 통하여 하나님의 말씀을 공급받을 수는 있으나 그것이 신앙이 뜨거운 믿는 자들과의 정기적인 교제를 대신해 줄 수는 없습니다. 이러한 교제를 통해 말씀이 육신이 됩니다. 기독교 신앙은 하나님과의 관계이며 또한 하나님의 사람들과의 관계입니다. 개종하기 전 바울은(그 당시는 사울이었지요) 그리스도인들을 혐오했습니다.

그가 믿는 자들을 죽이기 위하여 다메섹으로 가던 중 하나님께서 눈을 멀게 할 만큼 밝은 빛으로 그에게 나타나셨습니다.행 9:1-5 예수님께서는 이렇게 물으셨습니다. "왜 나를 핍박하느냐?" 여기서 주목할 만한 것은 주님께서 "왜 내 백성들을 핍박하느냐?"라고 하지 않으셨다는 것입니다. 주님께서는 그분을 믿는 자들과 하나이시기 때문입니다! 어떤 사람이 당신을 건드리면, 그 사람은 하나님의 눈동자를 건드린 것입니다. 하나님께서 다른 그리스도인들을 사랑하시는 만큼 당신을 사랑하고 계십니다! 하나님은 자신의 사랑을 그분의 사람들을 통하여 나타내십니다.

> 너희가 서로 사랑하면 이로써 모든 사람이 너희가 내 제자인 줄 알리라 요 13:35

> 누구든지 하나님을 사랑하노라 하고 그 형제를 미워하면 이는 거짓말하는 자니 보는 바 그 형제를 사랑하지 아니하는 자는 보지 못하는 바 하나님을 사랑할 수 없느니라 요일 4:20

하나님의 사람들과 교제하는 것을 거부한다면 진정으로 하나님과 교제하고 있다고 말할 수 없습니다.

말씀을 실천하십시오

지역 교회는 그리스도의 가르침을 실천할 기회를 제공합니다.

> 그러므로 무엇이든지 남에게 대접을 받고자 하는 대로 너희도
> 남을 대접하라 이것이 율법이요 선지자니라　　　마 7:12

이 말씀을 읽기만 하는 것과 실천에 옮기는 것은 완전히 다른 것입니다. 혼자서 몇 달 동안 성경책만 읽는다 해도 당신의 영적 성장은 더딜 수밖에 없습니다. 사람들과 부대껴야만 배울 수 있는 것들이 있습니다. 하나님의 관점에서 볼 때 실천에 옮기기 전까지는 그 말씀을 참으로 아는 것이 아닙니다!

　지역 교회의 지도자들은 방송사역이나 부흥사들이 해 줄 수 없는 실제적인 것들을 해 줍니다. 제가 치유에 관한 하나님의 말씀을 가르칠 수는 있지만 야고보서 5장 14절 말씀처럼 성도들의 집에 직접 가서 병든 자에게 기름을 바르며 기도해 줄 수는 없습니다. 하지만 지역 교회의 지도자들은 그것뿐만 아니라 더 많은 것도 해 줄 수 있습니다! 교회는 결혼식과 장례식을 맡아 주관해 주고 교회 내의 어린이 사역을 통해 성도들의 자녀를 말씀으로 양육하며, 말씀으로 성도들을 지도하고 어려운 상황에 처한 성도들을 위해 기도해주며 신앙의 선한 본이 되어 줍니다. 가족의 모든 구성원이 교회로부터 유익을 얻게 되는 것이지요!

또한 같은 생각을 가진 그리스도인들과 가까운 관계를 맺을 수도 있습니다. 우리 인생에 가장 큰 영향을 끼치는 두 가지는 무엇을 읽고 듣느냐와 누구와 시간을 보내느냐 입니다. 불신자를 완전히 배척하라는 말은 아닙니다만 이제부터는 그리스도인을 가장 가까운 친구로 두어야 합니다.고후 6:14-18 불신자와 멍에를 같이 메고 있다면 언젠가는 그들로부터 부정적인 영향을 받게 될 것입니다.

> 지혜로운 자와 동행하면 지혜를 얻고 미련한 자와 사귀면 해를 받느니라   잠 13:20

사람은 가장 친한 친구의 영향을 받게 되므로 그 친구 수준으로 격상되든지 아니면 격하되든지 둘 중 하나입니다! 믿는 자들과의 정기적인 교제는 당신의 영적 건강을 보호하고 증진시켜 줍니다.

> 또 약속하신 이는 미쁘시니 우리가 믿는 도리의 소망을 움직이지 말며 굳게 잡고 서로 돌아보아 사랑과 선행을 격려하며 모이기를 폐하는 어떤 사람들의 습관과 같이 하지 말고 오직 권하여 그 날이 가까움을 볼수록 더욱 그리하자
> 히 10:23-25

좋은 교회에 정착하십시오!

좋은 교회 찾기

교리적으로 사소한 차이가 있다고 좋은 교회에 정착하는 것을 포기하지는 마십시오. 근본적인 신앙의 차이가 아니라 사소한 것이라면 그냥 계시라고 말씀드리고 싶습니다. 믿음에 대해 잘 가르치는 교회가 아니라 할지라도 아예 다니지 않는 것보다는 유익이 많습니다. 좋은 교회를 골라서 갈 수 있는 상황이라면, 온전한 하나님의 말씀을 가르치는 교회를 선택하셔야 합니다!

좋은 교회란 하나님께서 말씀 안에 주신 모든 것, 즉 구원, 성령세례, 성령의 은사, 치유, 자유함, 형통을 가르치는 교회입니다! 제가 어렸을 때 소속되었었던 교단에서는 죄사함에만 치중하는 경향이 있었습니다. 저처럼 많은 사람들이 그 교단을 통해 구원을 받았지만 그 교단은 하나님의 기적과 능력이 오늘날에도 존재한다는 것은 믿지 않았습니다. 교회의 중직이었던 제 아버지께서 심각한 병에 걸리셨을 때, 저와 저의 가족은 하나님께 치유를 받는 방법을 몰랐습니다. 하나님의 말씀을 통해 치유에 관해 배워본 적이 없었기 때문에 저희 교회 성도 중 그 누구도 치유에 관한 믿음이 없었습니다. 제가 열두 살 때, 아버지께서는 54세의 나이로 돌아가셨는데 당시 제 어머니는 38세에 미망인이 되신 것입니다. 이로 인해 저희 가족은 큰 고통을 겪었습니다. 교회 때문에 이 문제가 생긴 것은 아니었지만 어쨌든 교회에서 이에 충분히 대비를 시켜 준 것은 아니었습니다!

하나님의 말씀을 온전히 가르치는 교회에 출석하십시오. 성령 세례, 성령의 은사, 치유 등에 반대하는 교회에 계속 다녀서는 안 됩니다. 교회에 등록되어 있기 때문에 또는 친척이 성가대 지휘자라고 해서 병에 걸렸을 때 달라지는 것은 없습니다. 하나님께서 병든 자를 치유하실 수 있다고 생각은 하지만 치유에 관한 하나님의 말씀을 모르면 직접 치유를 받는 데 어려움이 있습니다. 형통함이나 자유함 등을 경험하려면 하나님의 말씀을 배워야 합니다. 당신이 마음을 다해 지지할 수 있는 교회에 속하십시오!

좋은 교회는 죄사함을 가르치는 것에 그치지 않고 그리스도인의 삶 전체를 위한 믿음과 은혜를 가르칩니다. 대부분의 교단에서는 구원은 믿음으로 받지만 그 이후에는 모든 것이 행위에 달렸다고 가르칩니다. 아닙니다! 하나님의 특별한 은혜도, 기도 응답도, 하나님의 사랑도, 치유도, 그 외에 어떤 것도 행위를 통해 얻는 것이 아닙니다. 하나님께서 주시는 모든 것은 믿음을 통해 은혜로 받는 것입니다. 또한 성도들이 서로 건강한 관계를 갖도록 권장해야 합니다. 목사님은 넓은 사랑으로 이러한 환경을 만드셔야 합니다. 교회의 크기는 문제가 되지 않습니다. 큰 교회들도 소그룹을 통해 성도들을 양육하여 성숙할 수 있도록 할 수 있고, 작은 교회에서는 친교와 영적인 성장에 필요한 자연스러운 분위기가 형성되기도 합니다. 교회가 크든 작든 간에 그 교회에 대한 생각을 결정하는 것은 그곳에서 형성한 성도와의 교제입니다. 하나님께서 좋은 교회로 인도하실 것을 믿고 믿음으로 나아가십시오. 하나님께서는 당신을 주님의 몸 안에 그분이 준비하신 당신의 자리로 인도하시는 것을 큰 기쁨으로 여기십니다!

07

하나님을 친밀하게 알기

하나님은 이제부터 영원까지 당신과 친밀한 관계를 누리려는 목적으로 당신을 구원하셨습니다. 구원이란 단지 지옥불로부터 지켜주는 '화재보험' 같은 것이 아닙니다. 또한 하나님은 당신이 죄사함을 받고 나서 이 땅에서 간신히 견디다가 천국에 가는 것을 원하시는 것도 아닙니다. 구원이란 그 이상입니다!

하나님이 세상을 이처럼 사랑하사 독생자를 주셨으니 이는 그를 믿는 자마다 멸망하지 않고 영생을 얻게 하려 하심이라
요 3:16

영생은 곧 유일하신 참 하나님과 그가 보내신 자 예수 그리스도를 아는 것이니이다
요 17:3

구원은 이 놀랍고도 위대한 사랑의 하나님을 앞으로 영원히 알아가는 것입니다!

예수님께서는 당신에게 영생을 주시려고 이 땅에 오셨습니다. 그렇다면 구원이 '지옥불'을 피하기 위한 화재보험에 불과하다는 생각은 어디서 비롯되었을까요? 성경은 구원에 대해 더 많은 것들을 말하고 있는데 교회는 더 깊이 나아가지 못하고 구원의 의미를 단순히 지옥을 면하는 보험 정도로 격하시켰습니다. 요한복음 3장 16절은 "하나님이 이처럼 세상을 사랑하사 독생자를 주셨으니 누구든지 그를 믿는 자는 멸망치 아니하리라"로 끝나지 않습니다. 너무나 많은 설교자들이 이 단락에서 마침표를 찍어 버립니다. 구원의 여러 혜택 중의 하나에 불과한 '지옥불을 피하는 것'을 유일한 것인 양 강조하고 하나님의 원래의 목적인 '영생을 누리라'는 메시지는 완전히 무시되었습니다. 당신이 구원을 받은 이유는 하늘에 계신 아버지와 그의 아들과 친밀한 관계를 누리기 위해서입니다! 예수님께서는 당신을 사랑하시기 때문에 이 땅에 오셨습니다. 하나님은 타락한 피조물들을 구원해야 하는 책임감에 어쩔 수 없이 오신 창조주가 아닙니다. 그리스도의 동기는 순수한 사랑이었습니다. 또한 누구든지 사랑을 하면 그에 대한 반응으로 사랑을 받고 싶어 합니다! 잃어버린 영혼이었던 당신을 향한 하나님의 긍휼하심과 당신과 하나님의 관계를 회복하려는 그분의 열정이 합하여 십자가를 참으신 희생적인 사랑으로 표출되었습니다. 죄의 장막이 완전히 걷히었기에 당신은 그분의 사랑을 마음껏 받아 누릴 수 있으며 그 사랑을 받았기에 또한 그분을 사랑할 수 있습니다. 아담과 하와가 잃어버렸던 하나님과의 관계가 당신을 위해 회복된 것입니다.

> 그리스도께서 하나님 곧 우리 아버지의 뜻을 따라 이 악한 세대에서 우리를 건지시려고 우리 죄를 대속하기 위하여 자기 몸을 주셨으니 　　　　　　　　　　　　　　갈 1:4

예수님은 단지 미래의 악한 세상(지옥)에서만 당신을 구하신 것이 아닙니다. 아버지의 뜻에 따라 현재의 악한 세상에서도 당신을 구하셨습니다. 이제 당신은 그분과 동행하며 교제할 수 있습니다. 하나님을 알아 가십시오!

> 주께서 생명의 길을 내게 보이시리니 주의 앞에는 충만한 기쁨이 있고 주의 오른쪽에는 영원한 즐거움이 있나이다
> 　　　　　　　　　　　　　　　　　　　　　시 16:11

> 예수를 너희가 보지 못하였으나 사랑하는도다 이제도 보지 못하나 믿고 말할 수 없는 영광스러운 즐거움으로 기뻐하니
> 　　　　　　　　　　　　　　　　　　　　　벧전 1:8

이 세상에서의 참된 기쁨과 행복은 하나님과의 친밀함에서 옵니다. 그분을 아는 것이 영생입니다!

나를 따르라

주 예수 그리스도의 제자가 됩시다! 제자란 '배우는 자' 라는 뜻으로 스승을 따르는 자입니다.

> 그러므로 예수께서 자기를 믿은 유대인들에게 이르시되 너희가 내 말에 거하면 참으로 내 제자가 되고 진리를 알지니 진리가 너희를 자유롭게 하리라 요 8:31-32

하나님의 말씀이 뭐라고 하는지 배우시고 그분이 가르치는 대로 행하십시오. 예수님을 따르기 위해 믿음으로 나설 때 당신의 삶 속에 자유함이 점점 커져갈 것입니다. '주님 저는 당신이 저를 사랑하심을 압니다. 그래서 저도 당신을 사랑합니다. 어떻게 해야 할지 가르쳐 주시면 그대로 행하겠습니다! 주님을 따르겠습니다!' 라는 마음의 다짐이 있어야 합니다. 모든 것을 예수님 앞에 내려놓고 아무것도 주저하지 맙시다. 당신이 아니라 그분이 하나님이심을 인정하시고, 아무것도 숨기지 말고 다 내어 드리십시오. 왜냐하면 그분은 자신의 생명을 당신을 위해 내려놓으셨으니 이미 자신의 모든 것을 당신에게 주신 것입니다!

  진리가 당신을 자유케 할 것입니다. "아버지의 말씀은 진리니이다"요 17:17 당신이 아는 진리, 당신이 따르는 말씀만이 당신을 자유케 합니다. 성경책을 옆구리에 끼고 다니거나 침대 옆에 항상 둔다고 해도 마음속에 말씀을 심지 않으면 아무런 유익이 없습니다. 말씀이 자신의 일부가 될 때까지 묵상하십시오. 실행에 옮길 정도로 말씀을 믿게 된다면 말씀을 친밀하게 아는 것입니다. 이런 수준의 지식을 갖게 되면 그 지식이 당신을 자유케 할 것입니다.

당신은 현명한 선택을 하셨습니다

  하나님의 가족 안으로 들어오신 것을 환영합니다! 제가 지금까지 나눈 내용을 마음에 두고 행하신다면 성숙에 이르는 과정을 잘 밟고 계신 것입니다. 도움이 될 만한 도서 목록을 이 책의 끝부분에 기록해 두었으니 이 책에서 언급한 주제들에 대하여 더 상세하게 알기 원하시는 분들에게 도움이 될 것입니다(책 끝부분의 참고도서 목록을 참고하세요). 하나님께서 당신이 믿음의 깊은 뿌리를 내리고 기반을 확고히 할 수 있도록 이 책들을 통하여 도와주실 것입니다. 가능한 한 **빠른** 시일 내에 이 자료들을 구하시기를 강력히 권합니다.

주 예수 그리스도를 당신의 삶의 중심으로 삼으신 것은 생애 최고의 위대한 결정입니다! 현명한 선택을 하신 것을 축하드립니다. 그리스도 안에서 당신의 형제로서 우리 아버지 하나님의 말씀을 당신에게 드리고 싶습니다.

> 오직 우리 주 곧 구주 예수 그리스도의 은혜와 그를 아는 지식에서 자라 가라 영광이 이제와 영원한 날까지 그에게 있을지어다
> 벧후 3:18

예수님을 구세주로 영접하기

예수 그리스도를 당신의 주님으로 그리고 구세주로 영접하는 것은 당신이 평생 내리는 결정 중에 가장 중요한 결정입니다. 하나님의 말씀은 다음과 같이 약속하십니다.

> 네가 만일 네 입으로 예수를 주로 시인하며 또 하나님께서 그를 죽은 자 가운데서 살리신 것을 네 마음에 믿으면 구원을 받으리라 사람이 마음으로 믿어 의에 이르고 입으로 시인하여 구원에 이르느니라
> 롬 10:9-10

하나님께서는 구원을 주기 위한 모든 것을 은혜로 이미 이루어

놓으셨습니다. 소리 내서 이렇게 기도합시다. "예수님, 당신은 저의 주님이시고 구세주이십니다. 하나님께서 당신을 죽은 자 가운데서 살리심을 마음으로 믿습니다." 예수 그리스도께 당신의 삶을 의탁하는 순간 하나님의 말씀의 진리가 즉각적으로 당신의 영에 이루어집니다. 이제 당신은 거듭났으므로 완전히 새롭게 되었습니다!

제 2 부

성령님

08

능력 받은 삶

저는 여덟 살에 거듭났습니다. 그날 저희 교회 목사님께서 예배 때 지옥에 대해 설교하셨습니다. 그 당시 저는 어린 나이라 살아가면서 크게 잘못한 것이 많지는 않았지만 그래도 제가 죄인이라는 것과 그로 인해 하나님의 영광에 이르지 못한다는 사실은 이해할 수 있었습니다. 그리고 저는 예수님을 주님으로 영접하지 않은 사람들이 가는 곳이 바로 지옥이라는 것을 알고 있었습니다. 이 사실 때문에 너무나 걱정이 되어서 저는 제 아버지께 몇 가지 질문을 했었습니다. 이에 아버지께서는 하나님의 거룩하심에 대해서 설명해 주셨고 죄가 어떻게 하나님과 내 사이를 갈라놓는지 가르쳐 주셨습니다. 또한 하나님의 공의로 인하여 저는 지옥으로 갈 수밖에 없다는 것도 알려 주셨습니다. 그러나 예수님께서 나의 죄를 용서하시기 위하여 이 땅에 오셨고 나를 대신하여 징벌을 받으러 오셨다는 것도 분명히 설명해 주셨습니다. 그리고 나서 바로 저는 아버지와 함께 주님을 영접하는 기도를 드렸습니다. 다음 날 학교에 가서 제가 지난밤 예수님을 영접한 사실에 대해 누구에게도 말하기 전에 친구들은 이미 제 안의 변화를 알아챘습니다. "앤드류, 너 뭔가 달라진 것 같은데 무슨 일이야?"라고 아이들은 물었습니다. 내가 거듭났다고 말하자 아이들은 바로 저를 보고 기독교인이 되었다고 놀려댔습니다. 이렇듯 제가 예수님을 영접하자마자 친구들이 저의 변화를 알아차리긴 했지만 그 이후로도 그리스도에 대한 저의 믿음은 미약하기만 하였습니다. 어린 시절 저와 제일 친했던 같은 학교 친구도 제가 그리스도인인 것을 모르고 있다가 최근에야 제가 나오는 프로그램을 보고 비로소 알게 되었다고 했습니다. 그 친구는 극도로 힘든 고난을 겪던 중 절망의 끝에서 주님을 영접했다고 합니다. 삼십여 년 만에 그를 처음으로 만났을 때, 같이 자라던 시절 내내 제가 그리스도인이었다는 것을 그는 몰랐으며 그때도 제가 그리스도인이었다는 것을 알게 되자 그는 깜짝 놀랐습니다. 저의 신앙은 다른 사람의 인생에 전혀 영향을 주지 못하였던 것이지요! 그때 저는 아버지의 치유를 위하여 여섯 달 동안 쉬지 않고 기도했었지만 아무 일도 일어나지 않았습니다. 그리고 아버지는 제가 열두 살이 되던 해에 돌아가셨습니다. 제가 비록 다른 사람들이 넘어가던 유혹에는 강하게 대처할 수 있었지만 성경 속 인물들에게서 나타났던 하나님의 능력이 저의 삶에는 나타나지 않았던 것입니다. 저에게 기독교란 단지 하나의 교리이며 내면에 품고 있던 신념 같은 것이었습니다.

그러던 중 1968년 3월 23일에 저는 성령세례를 받게 됩니다. 내면에서 무언가가 폭발하면서 갑자기 하나님에 대한 이해가 급증하였습니다. 그때 저의 영으로 즉각 깨달은 것들을 다른 사람들에게 말로 설명할 수 있게 되기까지 저에게는 오랫동안 생각mind을 새롭게 하는 시간이 필요했습니다. 그 당시 저의 생각과 혼의 영역의 변화, 행동의 변화가 너무나 갑작스럽고 분명하게 겉으로 나타났기 때문에 저의 어머니는 제가 돌아 버린 것이 아닐까 하고 생각하셨다고 합니다. 하나님에 대해 강렬하고 새로운 열정을 품었음에도 불구하고 지혜가 부족했기 때문에 여러 교회에서 쫓겨나기도 했습니다. 하룻밤 사이에 광신도처럼 변해 버렸기 때문입니다! 제가 그때 성령의 세례를 받지 못했었더라면 지금의 저는 없었을 것이고 당신이 이렇게 저의 책을 읽고 있을 일도 없었을 것입니다! 제가 그때 성령세례를 받지 못했다면 저는 구원받고 간신히 천국에 들어갔을 것이고, 이 땅에서 사는 동안은 거의 영향력을 발휘하지 못했을 것입니다. 성령세례 받기 전의 제 모습처럼 하나님의 능력을 나타내지도 못하고 승리하지 못하며 살아가는 사람이 적지 않을 것입니다. 반대로 무수히 많은 사람들이 저와 같은 성령세례의 경험을 했다는 간증을 저는 수없이 많이 들었습니다. 물론 성경에도 그런 분들이 많이 나오지요!

비둘기같이

예수님도 성령세례를 받으시기 전까지는 하나님의 능력을 나타내지 못하셨습니다. 태어나실 때부터 천사들에 의해 주님으로 선포되셨지만 성령께서 비둘기같이 임하시기 전에는 그리스도의 사역이었던 가르치시고, 치유하시고, 귀신을 쫓는 일이 예수님께도 나타나지 않았습니다.

> 예수께서 세례를 받으시고 곧 물에서 올라오실새 하늘이 열리고 하나님의 성령이 비둘기 같이 내려 자기 위에 임하심을 보시더니 하늘로부터 소리가 있어 말씀하시되 이는 내 사랑하는 아들이요 내 기뻐하는 자라 하시니라   마 3:16-17, 개역한글

성령세례를 전환점으로, 그리스도의 삶은 자연적인 것에서 초자연적인 것으로 바뀌게 됩니다. 예수님은 성령의 기름부으심을 받고 나서 바로 사역을 시작하셨습니다. 성령님께서 예수님을 광야로 인도하셔서 마귀를 직면하게 했습니다. 눅 4:1-13 예수님은 마귀를 물리쳐 승리하셨고 고향의 회당에서 담대하게 선포하셨습니다.

> 주의 성령이 내게 임하셨으니 이는 가난한 자에게 복음을 전하게 하시려고 내게 기름을 부으시고 나를 보내사 포로된 자에게 자유를, 눈먼 자에게 다시 보게 함을 전파하며 눌린

자를 자유롭게 하고 주의 은혜의 해를 전파하게 하려 하심이
라 하였더라   눅 4:18-19

이 시점부터 예수님께서는 자신이 하도록 기름부음을 받은 사역을 하시게 됩니다! 주님은 여러 차례 자신이 아버지와 성령에 전적으로 의지한다고 말씀하셨습니다. 성령의 능력이 예수님께 흘러들어 가고 예수님을 통해 흘러나와서 그분은 아버지의 뜻을 이룰 수 있었습니다. 성부, 성자, 성령께서는 항상 완벽한 협력을 이루어 역사하셨습니다. 삼위일체의 한 부분으로서 예수님께서는 성령이 임하시기 전까지는 기적을 행하려 하지도 않으셨고 행하실 수도 없었습니다. 하나님께서는 성령님과 독립된 일을 절대 하지 않으십니다. 그러므로 성령을 당신의 삶에 환영하며 받아들이는 것은 하나님께서 이미 허락하신 승리와 풍성함을 경험하기 위하여 꼭 필요합니다.

죄가 없으신 하나님의 아들, 예수님께서도 사역을 시작하시기 전에 성령세례를 받으셔야만 했다면 어느 누가 성령세례 없이 능력 있는 그리스도인의 삶을 살 수 있겠습니까?

성전에서의 소동

성령세례를 받기 전 제자들은 비겁한 겁쟁이에 지나지 않았습

니다. 이들은 예수님을 삼 년 반이나 따라다니면서 예수님께서 행하시는 기적을 보았고 가르침도 받았으며 일상생활을 함께 했지만 연약하고 미성숙하고 육신적인 사고방식을 가졌으며 서로 자주 싸웠습니다. 예수님께서 잡히시던 날, 그들이 도망치며 사라졌듯이 죽기까지 예수님을 떠나지 않겠다던 그들의 약속은 허공으로 사라져 버렸습니다. 베드로는 절대로 예수님을 배신하지 않겠다고 맹세한 지 불과 몇 시간 만에 예수님을 세 번이나 부인하였습니다. 대 사제의 여종과 여러 사람들이 "너는 예수님의 제자가 아니냐?"라고 계속해서 묻자 그의 의지는 허물어져 버렸습니다. "나는 그 사람을 알지 못하노라!" 맹세를 하며 베드로가 말했습니다. 후에 자기가 무슨 짓을 했는지 깨달았을 때 그는 심히 통곡하였습니다. 예수님을 부인하고 싶지 않았지만 베드로의 인간적인 능력만으로는 그럴 힘이 없었던 것입니다. 마 26:69-75

그러나 그 후로 베드로와 나머지 제자들이 성령세례를 받게 됩니다.

> 오순절 날이 이미 이르매 그들이 다같이 한 곳에 모였더니 홀연히 하늘로부터 급하고 강한 바람 같은 소리가 있어 그들이 앉은 온 집에 가득하며… 그들이 다 성령의 충만함을 받고…
> 행 2:1-2, 4

그들은 즉시 변화되어 능력 있는 증인이 되었고 놀라운 담대함으로 예수님을 증거했습니다. 첫날에만 삼천 명이 구원받고 물세례를 받았습니다!행 2:41 그리고 나서 베드로와 요한은 성전 문 앞에서 앉은뱅이를 고쳤고 복음을 전파하였습니다. 성전 문 밖에서 소동이 일어나자 종교 지도자들은 이들을 옥에 가두게 됩니다.행 3:1-4:3

> 이튿날 관리들과 장로들과 서기관들이 예루살렘에 모였는데 대제사장 안나스와 가야바와 요한과 알렉산더와 및 대제사장의 문중이 다 참여하여 사도들을 가운데 세우고 묻되 너희가 무슨 권세와 누구의 이름으로 이 일을 행하였느냐
>
> 행 4:5-7

예수님을 십자가에 못 박은 바로 그 사람들을 베드로가 담대하게 대면합니다.

이에 베드로가 성령이 충만하여 이르되 백성의 관리들과 장로들아 만일 병자에게 행한 착한 일에 대하여 이 사람이 어떻게 구원을 받았느냐고 오늘 우리에게 질문한다면 너희와 모든 이스라엘 백성들은 알라 너희가 십자가에 못 박고 하나님이 죽은 자 가운데서 살리신 나사렛 예수 그리스도의 이름으로 이 사람이 건강하게 되어 너희 앞에 섰느니라 이 예수는 너희 건축자들의 버린 돌로서 집 모퉁이의 머릿돌이 되었느니라

> 다른 이로써는 구원을 받을 수 없나니 천하 사람 중에 구원을 받을 만한 다른 이름을 우리에게 주신 일이 없음이라 하였더라 행 4:8-12

아브라함의 하나님을 믿는 것만으로는 구원을 받기에 충분하지 않다는 것을 베드로가 유대 지도자 모두에게 공개적으로 선언합니다. 베드로는 예수님을 죽인 장본인들에게 예수 그리스도의 이름을 믿지 않으면 영원한 저주를 받게 된다고 분명하게 말합니다. 베드로는 이들에게 빠져나갈 길을 주지 않았습니다. 예수님을 영접하든지 거부하든지 둘 중 하나를 선택하라고 했습니다. 전에는 두려워서 그들로부터 도망쳤는데 지금은 영적인 담대함으로 그들과 맞부딪히고 있습니다.

> 그들이 베드로와 요한이 담대하게 말함을 보고 그들을 본래 학문 없는 범인으로 알았다가 이상히 여기며 또 전에 예수와 함께 있던 줄도 알고 또 병 나은 사람이 그들과 함께 서 있는 것을 보고 비난할 말이 없는지라 행 4:13-14

제자들이 행한 기적이 종교 지도자들의 입을 완전히 막아 버렸습니다. 성령세례로 인한 변화가 얼마나 놀라운 것입니까!

분명한 지시의 말씀

주님께서 승천하시기 전에 제자들에게 마지막으로 하신 분명한 지시의 말씀은 바로 성령님에 관한 것이었습니다. 이 세상에서 자신의 사역이 끝나고 하나님 아버지께 돌아갈 때, 가지고 있던 왕국을 소수의 사람들에게 몽땅 넘겨주고 떠나야 한다면, 이들에게 남길 마지막 말은 매우 중요할 것입니다. 이때 예수님께서 제자들에게 말씀하신 것은 성령세례를 받기 전에는 아무것도 하지 말라는 것이었습니다.

> 사도와 함께 모이사 그들에게 분부하여 이르시되 예루살렘을 떠나지 말고 내게서 들은 바 아버지께서 약속하신 것을 기다리라 요한은 물로 침례를 베풀었으나 너희는 몇 날이 못되어 성령으로 침례를 받으리라 하셨느니라… 오직 성령이 너희에게 임하시면 너희가 권능을 받고 예루살렘과 온 유대와 사마리아와 땅 끝까지 이르러 내 증인이 되리라 하시니라 이 말씀을 마치시고 그들이 보는데 올려져 가시니 구름이 그를 가리어 보이지 않게 하더라   행 1:4-5, 8-9

이것을 받아들이는 것이 제자들에게 얼마나 힘든 일이었을지 생각해 보십시오! 예수님께서는 하나님의 말씀을 전파하셨고 하나님의 능력을 누구보다도 강력하게 나타내셨습니다. 그것 때문에 종교 지도자들은 예수님을 죽이고 묻어 버렸습니다. 인간적인 생각으로는 그들이 보기에도 예수님이 한 인간에 불과한 것 같았습니다. 하지만 사흘 후 예수님은 예언대로 죽은 자 가운데서 살아나셨습니다. 그리고 말씀하셨던 모든 것을 증명하셨습니다. 마치 이것으로도 충분하지 않은 듯이 예수님께서는 부활 이후 40일을 이 땅에 더 머무르시며 제자들을 가르치시고, 그 이후에 제자들이 직접 지켜보는 가운데 하늘에 계신 아버지께로 승천하셨습니다. 이 제자들에게는 믿을 수 없을 정도로 좋은 소식이 있었습니다. 지붕 위에 올라가서 외칠 만한 소식이었습니다. 하지만 예수님께서는 당분간 가만히 있으라고 명령하셨습니다. 왜일까요?

제자들에게 성령세례가 필요했기 때문입니다! 우리가 거듭나고 죄를 용서받는다는 것은 정말로 멋진 일입니다. 하지만 성령의 충만함이 없으면 효과적인 증인이 될 수 없습니다. 성령께서 임하시면 당신은 승리하는 삶을 살며 능력의 증언을 할 수 있습니다. 당신이 구원을 더욱 풍성하게 경험하고 하나님께서 당신에게 하신 놀라운 일들을 다른 사람들과 효과적으로 나눌 수 있는 능력을 성령님께서 주십니다! 많은 기독교인들이 진정으로 하나님을 사랑하면서도 자신의 힘으로 하나님을 섬기는 경우가 많은데, 이는 성령세례를 받지 않았기 때문이며 결과적으로 생명이 없는 삶이 됩니다.

> 그가 또한 우리를 새 언약의 일꾼 되기에 만족하게 하셨으니
> 율법 조문으로 하지 아니하고 오직 영으로 함이니 율법 조문
> 은 죽이는 것이요 영은 살리는 것이니라   고후 3:6

믿는 자들이 육신적인 지식과 능력으로 사역을 하려고 할 때는 설사 그들의 말과 행동이 옳다 할지라도 영적인 영향력을 가지지 못합니다. 오늘날 교회에 생명력이 없는 이유가 바로 믿는 자들이 성령의 능력 없이 사역을 하려 하기 때문입니다. 예수 그리스도께서도 성령의 능력을 통해 그의 생명을 증언하는 사역을 하셨습니다. 성령의 힘을 받은 당신의 말과 행동은 하나님의 나라를 위해 다른 사람들의 삶에 긍정적인 영향을 끼치게 될 것입니다. 약속된 승리의 삶, 풍성한 삶을 경험하도록 당신을 도와주시는 분은 바로 성령님이십니다. 예수님과 초대교회의 믿는 자들이 능력 있는 그리스도인의 삶을 살기 위하여 성령세례를 받아야 했다면 오늘날 당신과 저에게는 얼마나 더 성령세례가 필요하겠습니까!

09

성령세례

만약 당신이 하나님의 말씀을 믿는다면 성령세례를 부인할 수는 없을 것입니다. 예수님에 대해서 세례요한은 이렇게 말했습니다.

> 나는 너희로 회개하게 하기 위하여 물로 침례를 베풀거니와 내 뒤에 오시는 이는 나보다 능력이 많으시니 나는 그의 신을 들기도 감당하지 못하겠노라 그는 성령과 불로 너희에게 침례를 베푸실 것이요 마 3:11

그리스도께서도 성령으로 세례를 받으셨습니다. 마 3:16, 막 1:10, 눅 3:22 바울과 다른 사도들도 성령으로 세례를 받았습니다. 행 2:1-4, 9:17-18 사도행전을 보면 거듭난 사람들이 성령세례를 받습니다. 그러나 요즘 많은 그리스도인들은 성령세례가 구원받을 때 자동적으로 주어진다고 주장합니다.

나를 보내신 아버지께서 이끌지 아니하시면 아무도 내게 올
수 없으니 오는 그를 내가 마지막 날에 다시 살리리라

요 6:44

사람들을 하나님께로 이끄는 분은 성령님이라는 것을 알기 때문에 거듭나는 순간 성령님께서 주실 수 있는 모든 것을 받는다고 생각한 것입니다.

일단 구원을 받으면 당신이 성령님을 소유하게 되는 것은 사실이지만(성령님께서 우리 안에 계시다는 의미역자주), 그렇다고 해서 성령세례를 받은 것은 아닙니다!

생수의 강

당신이 성령님을 소유하는 것과 성령님께서 당신을 소유하는 것은 다릅니다! 당신의 삶에 성령님께서 계신 것과 성령님께서 당신의 삶을 지배하는 것에는 큰 차이가 있습니다. 영적으로 말하자면 낮과 밤의 차이에 비할 수 있습니다.

내가 아버지께 구하겠으니 그가 또 다른 보혜사를 너희에게
주사 영원토록 너희와 함께 있게 하리니 그는 진리의 영이라
세상은 능히 그를 받지 못하나니 이는 그를 보지도 못하고

알지도 못함이라 그러나 너희는 그를 아나니 그는 너희와 함께 거하심이요 또 너희 속에 계시겠음이라 　　요 14:16-17

지금 우리가 논하고 있는 이 성령세례는 예수님의 부활 이후에 가능해진 것입니다. 그분께서 제자들과 함께 계셨고 그들을 통해 역사하셨지만(제자들이 행한 기적을 통해 증거되었듯이), 그들 속에 계시지는 않았습니다. 그 이유는 그리스도께서 영광 중에 하늘로 올라가시기 전에는 성령의 충만함을 받을 수 없었기 때문입니다.

성령님께서 당신 안에 계시면 당신의 가장 깊은 곳에서부터 생명의 강이 흘러나옵니다.

예수님께서 외치셨습니다. "누구든지 목마르거든 내게로 와서 마시라. 나를 믿는 자는 성경에 이름과 같이 그 배에서 생수의 강이 흘러나오리라 하시니 이는 그를 믿는 자들이 받을 성령을 가리켜 말씀하신 것이라(예수께서 아직 영광을 받지 않으셨으므로 성령이 아직 그들에게 계시지 아니하시더라)" 요 7:38-39

한 방울이나 한 컵, 혹은 길러내야 하는 우물이 아니라 솟아나는 샘물같이 생명의 강이 당신 안에서 흘러넘치는 것입니다! 예수님께서는 그들과 함께 하셨던 성령님께서 곧 그들 안으로 오실 것이라고 제자들에게 약속하셨습니다. 예수님께서 승천하시고 나서 약속하신 그날이 곧 왔습니다.

오순절 날이 이미 이르매 그들이 다같이 한 곳에 모였더니 홀연히 하늘로부터 급하고 강한 바람 같은 소리가 있어 그들이 앉은 온 집에 가득하며 마치 불의 혀처럼 갈라지는 것들이 그들에게 보여 각 사람 위에 하나씩 임하여 있더니 그들이 다 성령의 충만함을 받고 성령이 말하게 하심을 따라 다른 언어들로 말하기를 시작하니라   행 2:1-4

능력의 근원

성령세례가 구원 이후에 오는 별도의 두 번째 경험이라는 것을 믿지 않는 사람들은 기적을 행하는 능력도 초대교회 사도들이 죽었을 때 함께 사라졌다고 잘못 가르치고 있습니다. 이들은 성령의 은사, 방언, 축사 등을 믿지 않으며 또한 질병과 가난을 물리치고 승리하는 삶을 믿지 않습니다. 성경에 하나님이 행하셨다고 기록된 이러한 기적들이 오늘날에 나타난다면 그것은 마귀의 역사라고 믿는 자들입니다. 이들이 믿는 신학은 뭔가 잘못되었습니다!

성령님이 능력의 근원이십니다! 성령님을 거부하면 기적, 치유, 축사, 방언 등의 역사가 나타날 수 없습니다. 하지만 성령세례를 통해 성령님을 받아들인다면 하나님의 초자연적인 능력이 놀라운 방법으로 당신의 삶에 역사하도록 문을 열어놓는 것입니다.

하지만 중요한 것은 하나님의 능력을 받기 위해서는 능력의 근원이신 성령을 영접해야 한다는 사실입니다!

분리된 경험

성경은 성령세례가 구원과는 구별되는 별도의 경험임을 분명히 밝히고 있습니다. 이것을 놓칠 수 있는 유일한 길은 성령세례를 반대하는 종교적인 선입견뿐입니다.

사도행전 8장을 보면 빌립이 사마리아에 가서 그리스도를 전파하는 장면이 나옵니다. 그가 행하는 기적들을 보고 많은 사람들이 믿고 물세례를 받습니다.행 8:5-12 예루살렘 교회가 이 사실에 대해 듣고는 베드로와 요한을 보내어 확인하도록 합니다. 베드로와 요한이 그곳에 도착해서 구원받은 사람들을 보았을 때 성령세례를 받을 수 있도록 그들에게 안수하였습니다. 성령세례를 받기 전까지는 진정으로 구원을 받지 않은 것이라고 생각하는 사람들도 있습니다. 사도행전 8장은 철저하게 이것을 반박합니다! 여기 나오는 사마리아인들은 하나님의 말씀을 받아들였고 구원을 받았으며 물로 세례를 받았습니다. 이들이 성령세례를 받기 전에 죽었다 하더라도 주님이 계신 곳으로 영접을 받았을 것입니다.

구원으로는 구원을 받고 성령세례로는 능력을 받습니다!

에베소의 제자들도 이 진리에 대해 증명해 주고 있습니다.

> 아볼로가 고린도에 있을 때에 바울이 윗지방으로 다녀 에베소에 와서 어떤 제자들을 만나 이르되 너희가 믿을 때에 성령을 받았느냐 이르되 아니라 우리는 성령이 계심도 듣지 못하였노라   행 19:1-2

아볼로는 가는 곳마다 예수님을 열심히 가르쳤습니다. 행 18:24-25 하지만 그는 그리스도가 부활하여 성령세례에 대해 말해주시기 전에 그 제자들을 떠났었습니다. 그래서 후에 아굴라와 브리스길라가 아볼로를 만났을 때 그를 한쪽으로 데려다가 하나님의 도를 더 정확하게 설명해 주어야 했습니다. 행 18:26 이 사건 이전에 아볼로는 이미 에베소에서 많은 사람들을 구원에 이르게 하였습니다. 나중에 이들을 만나게 된 바울이 "성령을 받았느냐?"라고 물었을 때 이들은 "성령에 대해 듣지도 못하였다"라고 대답하였습니다. 행 19:2

지금의 그리스도인들이 하는 말 같습니다!

저는 교회에서 성장하였지만 어느 누구도 제가 성령님을 통해 초자연적인 능력을 받을 수 있다고 가르쳐 주지 않았습니다. 성령님께서 저에게 오길 원하시며 또한 저를 통하여 기적을 행하고자 한다는 사실을 몰랐던 것입니다! 제가 다니던 교회에서는 그렇게 믿지 않았습니다.

다른 사람들을 주님께 인도하는 것과 '우리 모두 천국에 갈 때까지' 라는 찬송가를 부르는 것 외에는 그리스도인의 삶에 기대할 만한 것이 없었습니다. 제가 이 땅에서 승리와 풍성함으로 가득한 삶을 살기에 필요한 모든 것을 하나님께서 이미 공급하셨다는 사실을 저는 모르고 있었던 것입니다! 아볼로가 전도하여 구원받은 사람들은 예수님을 믿었지만 성령이 그들에게 기름 부어 주시기 위해 보내심을 받았다는 것은 몰랐습니다. 바울은 아볼로의 사역을 이어나갔으며 어떻게 하면 하나님의 능력이 삶에 나타나는지 에베소의 믿는 자들에게 가르쳤습니다. "바울이 그들에게 안수하매 성령이 그들에게 임하시므로 방언도 하고 예언도 하니"행 19:6

세상에 영향력을 끼치라!

구원을 받고 나서 두 번째 분리된 경험으로서 성령님의 역사를 증거할 수 있는 사람들이 수백만에 이릅니다. 구원받은 서양의 많은 그리스도인들이 이 경험을 부인하고 있지만 그 외에 다른 지역의 믿는 자들 대부분이 성령세례를 환영했습니다. 아프리카,

아시아, 남미 지역에서는 최근 놀라운 성령의 역사를 체험하고 있습니다. 계속적으로 기적이 일어나고 있으며 교회는 수십 배, 심지어는 수십만 배로 성장하고 있습니다. 이러한 부흥에 참여하는 대부분의 사람들이 성령세례를 받았으며 그와 함께 방언도 받았습니다. 전 세계적으로 볼 때 그리스도의 몸 된 교회에서 최고의 성장을 보이는 곳은 성령세례를 믿는 곳입니다. 이 은사를 거부하는 극히 전통적이고 교파적인 교회들은 정체되었거나 심각한 쇠퇴를 경험하고 있습니다. 성령세례를 받은 믿는 자들은 그리스도인의 삶에서 진전이 있고 효과적인 전도의 대부분을 감당하고 있으며 하나님의 나라를 확장하는 데 가장 큰 영향력을 행사하고 있습니다. 하나님의 능력이 역사하고 있는 곳에서 함께 하기 원하십니까? 살아있는 생명에 목이 마르십니까? 성령세례를 받은 그리스도인들의 삶에서 이 모든 것과 또 그 이상의 것까지도 발견하실 수 있습니다!

10

온전히 다 누리기

예수님께서는 성령님을 '위로자'라고 자주 부르셨습니다. 성령님께서는 당신의 삶 가운데 여러 가지 모습으로 일하십니다. 그 중에 하나는 성령님께서 당신과 영원히 함께 하신다는 것입니다.

> 내가 아버지께 구하겠으니 그가 또 다른 보혜사를 너희에게 주사 영원토록 너희와 함께 있게 하리니   요 14:16

당신이 어디를 가든 무엇을 하든 하나님 그분께서 당신과 함께 하신다는 말씀입니다.

> 우리의 모든 환난 가운데서 우리를 위로하는 분이시라. 그러므로 우리 자신도 하나님께 받은 위로로써 고난중에 있는 사람들을 위로할 수 있는 것이라.   고후 1:4, 한글킹제임스

성령님께서는 사람들에게 하나님의 위로를 전할 수 있도록 당신에게 능력을 주실 것입니다. 성령님께서 당신의 교사가 되어 주실 것입니다.

> 보혜사 곧 아버지께서 내 이름으로 보내실 성령 그가 너희에게 모든 것을 가르치고 내가 너희에게 말한 모든 것을 생각나게 하리라
> 요 14:26

그분께서는 주님께서 말씀하신 모든 것들을 생각나게 하실 것입니다. 진리의 영이신 성령님께서 당신에게 예수님에 대해 증거해 주실 것입니다.

> 내가 아버지께로부터 너희에게 보낼 보혜사 곧 아버지께로부터 나오시는 진리의 성령이 오실 때에 그가 나를 증언하실 것이요 너희도 처음부터 나와 함께 있었으므로 증거하느니라
> 요 15:26-27

또 그분은 당신이 다른 사람들에게 예수님을 증거할 수 있도록 도와주실 것입니다.

"내가 가는 것이 나으니라"

예수님께서 하늘에 계시고 성령께서 이 땅에 계신 것이 당신에게 유익합니다. "그러나 내가 너희에게 실상을 말하노니 내가 떠나가는 것이 너희에게 유익이라" 요 16:7

예수님께서 이 땅에 인간으로 사셨을 때에는 한 번에 한 곳에만 계실 수 있었습니다. 하지만 이제는 그의 영을 통하여 언제나 모든 믿는 자들과 함께 계실 수 있습니다!

성령님은 찔림을 주시고 확신을 주실 것입니다.

> 그가 와서 죄에 대하여, 의에 대하여, 심판에 대하여 세상을 책망하시리라('책망'으로 번역된 헬라어 원어는 '찔림을 주다'라는 뜻역자주) 죄에 대하여라 함은 그들이 나를 믿지 아니함이요 의에 대하여라 함은 내가 아버지께로 가니 너희가 다시 나를 보지 못함이요 심판에 대하여라 함은 이 세상 임금이 심판을 받았음이라   요 16:8-11

성령께서는 예수님을 믿지 않은 것에 대해 찔림을 주실 것입니다. 성령님은 그리스도 안에서 우리가 의롭다는 확신을 주시는 분이며, 계속적으로 우리에게 정죄함과 거짓말을 던지는 마귀는 이미 심판을 받았습니다. 성령님께서 당신을 모든 진리 가운데로 인도하여 주실 것입니다.

> 내가 아직도 너희에게 이를 것이 많으나 지금은 너희가 감당하지 못하리라 그러나 진리의 성령이 오시면 그가 너희를 모든 진리 가운데로 인도하시리니 그가 스스로 말하지 않고 오직 들은 것을 말하며 장래 일을 너희에게 알리시리라
> 요 16:12-13

진리의 영께서 당신의 성숙함이 감당할 수 있을 만큼 점진적으로 예수님의 말씀을 깨닫게 해 주실 것입니다. 또한 장래의 일도 알려주실 것입니다! 성령님은 예수님의 영광을 나타내실 것입니다.

> 그가 내 영광을 나타내리니 내 것을 가지고 너희에게 알리시겠음이라
> 요 16:14

그분은 주님께 받은 것을 당신에게 보여주실 것입니다! 성령세례를 받을 때 하나님의 능력이 당신에게 홍수처럼 임하십니다!

> 오직 성령이 너희에게 임하시면 너희가 권능을 받고 예루살렘과 온 유대와 사마리아와 땅 끝까지 이르러 내 증인이 되리라 하시니라
> 행 1:8

당신은 어디에 가든지 능력 있는 증인이 될 것입니다!

선택이 아닌 필수입니다!

　이 모든 놀라운 유익들을 생각해 볼 때, 성령세례는 선택이 아니라 필수라는 사실을 받아들이시기를 간절히 바랍니다. 그분의 능력을 받으셔서 위로자이신 성령님을 온전히 경험하십시오! 성령세례를 받으면 하나님의 능력을 발휘할 수 있게 됩니다. 승리하는 그리스도인으로 저절로 변화되지는 않을지라도 믿음으로써 성령의 권능을 안에서부터 밖으로 끌어낼 때 승리를 점점 더 경험하게 될 것입니다. 성령세례를 받은 사람들 중에서 삶 가운데 승리를 나타내지 못하는 경우도 있습니다. 하나님의 권능을 소유하였으나 밖으로 끌어내지 않았기 때문입니다. 반면 성령세례를 거부하는 사람들은 성령의 권능을 사용할 권한도 거부하는 것입니다. 성령의 권능을 끌어내기 위해서는 먼저 권능의 근원이신 성령님을 영접해야만 합니다! 어떤 그리스도인들은 성령세례를 받았으나 모르고 있는 경우도 있습니다. 이들은 방언을 하지 않고 성령의 체험도 믿지 않는 분들이지만 성령세례를 받은 그리스도인의 특징들을 분명하게 나타냅니다. 이들도 살아가면서 다른 모든 이들과 마찬가지로 자신의 한계에 부딪힌 사람들입니다. 그때 하나님께 부르짖으며 하나님을 더 갈구했을 것입니다. 하나님께 굴복한 후 이들은 하나님과 기적적인 만남을 가졌습니다. 본인이 의식하든 못하든 이 만남에 성령세례가 포함되어 있었다면 믿음을 발휘하여 언제든지 방언을 할 수 있습니다.

하나님께서는 당신이 이 모든 것을 다 누리기를 바라십니다! 1800년대와 1900년대 초반의 일부 신학자들이 이 두 번째 구별된 체험에 대해서 가르치긴 했으나 방언에 대해서는 가르치지 않았습니다. 이들은 하늘에서 권능이 임할 것을 믿었지만 이에 따라 나타나는 기적은 이해하지 못했습니다. 하나님의 선물을 왜 일부만 받으려고 합니까? 당신의 하늘 아버지께서는 당신을 너무 사랑하셔서 성령세례를 주셨습니다. 그분이 준비하신 선물을 다 받으시는 것이 그분을 존중하는 것입니다!

11

오늘 바로 성령님을 영접하십시오

하나님께서는 당신이 성령으로 세례받기를 원하십니다. 성령 충만을 통해 성령님의 통제를 받으며 성령의 권능을 받고자 하는 당신의 열망보다 그것을 주시고자 하는 하나님의 열망이 훨씬 더 큽니다. 사실 성령님께서는 당신이 마음을 열고 그분을 받아들일 날을 간절히 기다려 오셨습니다. 믿음으로 구할 준비가 되셨다면 지금 성령을 영접하십시오!

어떤 사람들은 애를 쓰고 하나님을 오랫동안 기다려야만 성령세례를 받을 수 있다고 잘못 가르칩니다. 이들은 성령세례는 하나님이 원하실 때 주시는 것이며 인간은 그것에 어떤 개입도 할 수 없다고 믿습니다. 사도행전 1장 4-5절을 잘못 해석하였기 때문에 이렇게 주장하게 된 것입니다.

사도와 함께 모이사 그들에게 분부하여 이르시되 예루살렘을

> 떠나지 말고 내게서 들은 바 아버지께서 약속하신 것을 기다리라 요한은 물로 침례를 베풀었으나 너희는 몇 날이 못되어 성령으로 침례를 받으리라 하셨느니라 행 1:4-5

예수님께서 제자들에게 성령세례를 기다리라고 명령하신 이유는 아직 성령님이 세상에 오시기 전이었기 때문이었습니다. "오순절 날이 이미 이르매 그들이 다같이 한 곳에 모였더니… 그들이 다 성령의 충만함을 받고…"행 2:1,4

오순절은 하나님께서 성령을 부으시기로 정하신 날이었습니다. 그러나 지금은 이미 성령님께서 이 땅에 내려오셨으므로 더 이상 기다릴 필요가 없습니다!

제가 간절히 성령세례를 받고 싶어 했을 때는 "성령을 받기 전에 자신을 깨끗하게 하라"는 말을 들었습니다. 그래서 저는 시키는 대로 제가 생각해 낼 수 있는 모든 죄를 제가 충분히 깨끗해졌다고 느낄 때까지 종이에 기록했습니다. 종교적인 논리에 속아서 당시 저는 이렇게 생각했습니다. '돌멩이가 가득한 항아리에 물을 채우려면 우선 항아리를 비워야 해. 더러운 그릇을 성령님으로 채워 주시지는 않으니까!' 이것은 완전히 잘못된 생각입니다!

성령세례는 선물이지 고난이나 거룩함을 통해 노력으로 얻어 낼 수 있는 것이 아닙니다.눅 11:13 성령을 받기도 전에 모든 죄를 제거할 수 있고 완전해질 수 있다면 성령님이 왜 필요하겠습니까?

성령님이 바로 우리의 정욕과 잘못된 습관, 중독, 욕망에서 우리를 자유케 하시는 분입니다. 성령의 능력을 받아 그 능력을 풀어내어 쓸 수만 있다면 모든 문제에서 자유케 될 수 있습니다!

전심으로 소원함

그러나 당신이 성령세례를 온 마음을 다해 원해야 합니다.

이것에 동의하고 간절함만 있다면 간단한 기도만으로도 성령세례를 받을 수 있습니다. 하지만 진정으로 준비되기 전에도 성령세례를 받고자 하는 마음을 갖도록 인도받는 경우가 있습니다. 어떤 경우는 성령을 받고자 하는 간절한 마음이 자랄 때까지 기다리는 시간이 필요한 경우도 있습니다. 당신은 어떤 경우입니까? 성령세례에 동의하고 소원하는 마음이 있습니까?

성령님을 당신의 삶에 초대하기를 전심으로 소원하십니까?

저는 개인적으로 성령세례를 너무도 간절히 원했었습니다. 하나님께 떼를 쓰고 나서 기다려야만 성령을 받을 수 있다고 잘못된 생각을 했었습니다. 이런 오해로 인해 인내하며 기다리는 동안 성령을 받으려는 저의 갈망은 더욱더 커졌습니다. 그래서 실제로 성령세례를 받았을 때는 너무나 황홀했습니다. 너무나 간절히 바라던 것이었기 때문에 그 감격을 오랫동안 잊지 못했습니다. 그 이후로 지금까지 하나님께서 주신 이 멋진 선물을 소중히 여기며 지내고 있습니다. 성령의 능력이 없이는 지금 제가 누리고 있는 승리와 풍성함을 누릴 수 없었을 것입니다!

망설임 없이 성령님께 자신을 맡겨드릴 준비가 되셨나요? 하나님의 권능을 간절히 원하십니까? 전에 당신이 준비가 되지 않은 상태에서 성령세례를 받는 기도를 했었을 수도 있습니다. 하지만 걱정하지 마십시오. 이제 진실을 알게 되셨습니다. 성령의 권능을 받는 방법과 예수님께서도 성령세례를 받아야 했었다는 사실과 사도들을 완전하게 변화시킨 것이 성령세례라는 사실을 알게 되셨으니 이제는 당신도 성령세례를 받을 준비가 된 것입니다.

구하고, 믿고, 받으십시오!

하나님께서는 당신이 성령으로 채워지길 원하시지만 당신이 믿음으로 손을 뻗어 취하셔야 합니다.

구하는 이마다 받을 것이요 찾는 이는 찾아낼 것이요 두드리는 이에게는 열릴 것이니라 너희 중에 아버지된 자로서 누가 아들이 생선을 달라 하는데 생선 대신에 뱀을 주며 알을 달라 하는데 전갈을 주겠느냐 너희가 악할지라도 좋은 것을 자식에게 줄 줄 알거든 하물며 너희 하늘 아버지께서 구하는 자에게 성령을 주시지 않겠느냐 하시니라　　눅 11:10-13

하늘 아버지께서 당신께 성령을 주시기를 얼마나 더 원하고 계시겠습니까? 구하고, 믿고, 받으십시오!

준비가 되셨으면 진심으로 다음과 같이 기도합시다.

"아버지, 저는 당신께 저를 완전히 내어드립니다. 그리스도인으로서의 삶을 살기 위해서는 당신의 권능이 필요함을 인정합니다. 저는 당신을 갈망하고 있습니다! 당신의 성령으로 세례를 주세요. 믿음으로 저는 이제 성령세례를 받습니다. 제가 취합니다! 예수님의 이름으로 성령세례는 저의 것임을 선포합니다! 아버지, 제게 성령님을 주셔서 감사합니다. 성령님, 제게 와 주셔서 감사합니다. 저의 인생으로 오심을 환영합니다."

이 멋진 선물을 주신 것을 주님께 감사하시고 계속해서 주님을 찬양하십시오. 잠시 성령님의 임재를 느껴보시고 당신이 얼마나 그분을 사랑하는지 고백해 드리십시오. 성령을 받을 때 극적인 체험을 하는 사람들도 있고, 아무 느낌 없이 성령을 받는 사람들도 있습니다. 성령님을 받았다면, 극적인 체험을 했든지 아무 느낌이 없었든지 그것에 더 못하거나 더 나은 것이 있을 수 없습니다.

겉으로 나타나는 체험이 있느냐 없느냐를 따지다가 하나님께서 주신 이 선물을 마귀가 앗아가게 하지 마십시오.마 13:19 기도하고 구할 때 성령세례를 받은 것이라고 믿으면 당신은 단연코 성령을 받은 것이라고 하나님은 말씀으로 약속하셨습니다. "그러므로 내가 너희에게 말하노니 무엇이든지 기도하고 구하는 것은 받은 줄로 믿으라. 그리하면 너희에게 그대로 되리라"막 11:24

하나님께서는 언제나 자신의 말씀을 지키십니다. 믿으십시오! 예수님께서 직접 내리시는 명령에 순종하고 믿음으로 나아갈 때 당신은 성령세례를 받은 것입니다. 요 20:22

축하드립니다. 당신에게는 하나님의 초자연적인 능력이 가득 차 있습니다! 이 능력에 들어가는 방법을 배우면 인생이 완전히 달라질 것입니다. 계속해서 성령의 능력을 안에서 밖으로 끌어낼 수 있는 방법을 나누도록 하겠습니다.

12

방언

방언을 하는 것이 성령세례를 받은 증거 중에 하나라고 하나님의 말씀이 계시하고 있습니다. 예수님의 제자들도 성령을 받자마자 방언을 했습니다.

> 오순절 날이 이미 이르매 그들이 다같이 한 곳에 모였더니 홀연히 하늘로부터 급하고 강한 바람 같은 소리가 있어 그들이 앉은 온 집에 가득하며 마치 불의 혀처럼 갈라지는 것들이 그들에게 보여 각 사람 위에 하나씩 임하여 있더니 그들이 다 성령의 충만함을 받고 성령이 말하게 하심을 따라 다른 언어들로 말하기를 시작하니라   행 2:1-4

베드로가 이 말을 할 때에 성령이 말씀 듣는 모든 사람에게 내려오시니 베드로와 함께 온 할례 받은 신자들이 이방인들

에게도 성령 부어 주심으로 말미암아 놀라니 이는 방언을 말
하며 하나님 높임을 들음이러라   행 10:44-46

이제 막 예수님을 영접한 사람들까지도 참으로 성령을 받았다는 것을 나타내 주는 외적인 증거가 바로 방언이었습니다.
　베드로는 그 자리에 있지 않았던 다른 유대인들에게 이 사실을 증거로 제시하며 이 이방인들이 진정으로 거듭났음을 보여주었습니다.

내가 말을 시작할 때에 성령이 그들에게 임하시기를 처음 우리에게 하신 것과 같이 하는지라 내가 주의 말씀에 요한은 물로 침례를 베풀었으나 너희는 성령으로 침례를 받으리라 하신 것이 생각났노라 그런즉 하나님이 우리가 주 예수 그리스도를 믿을 때에 주신 것과 같은 선물을 그들에게도 주셨으니 내가 누구이기에 하나님을 능히 막겠느냐 하더라 그들이 이 말을 듣고 잠잠하여 하나님께 영광을 돌려 이르되 그러면 하나님께서 이방인에게도 생명 얻는 회개를 주셨도다 하니라
　　　　　　　　　　　　　　　　　　　　　　행 11:15-18

　바울은 에베소에서 아볼로의 제자들에게도 성령세례에 대해서 가르쳤습니다.

> 바울이 그들에게 안수하매 성령이 그들에게 임하시므로 방언도 하고 예언도 하니 행 19:6

방언은 성령세례와 함께 주어지는 선물입니다!

성령세례를 받은 모든 믿는 자들에게

빌립이 사마리아 성에 내려가 그리스도를 백성에게 전파하니 무리가 빌립의 말도 듣고 행하는 표적도 보았습니다. 행 8:5-8

나중에 베드로와 요한이 성령세례에 대하여 가르치러 왔습니다. 행 8:14-17

사마리아인들이 성령을 받을 때 전직 마술사였던 한 새신자가 그들이 방언을 하는 것을 보고 그 능력이 탐났습니다. 그를 보고 베드로와 요한은 하나님의 선물을 돈으로 사려고 한다고 꾸짖었습니다. 행 8:18-24

성령세례를 받은 첫 번째 증거로 '방언'을 인정하지 않는 분들이 계시다면 사도행전 8장을 살펴보시기 바랍니다. 위 구절들을 보면 사마리아인들이 방언으로 말했다는 것을 직접적으로 기술하고 있지는 않지만 방언을 말한 것을 암시하는 충분한 증거들이 있습니다. 사도행전 전반에 걸쳐서 성령이 부어졌을 때마다 두 번에 한 번 정도는 방언이 나타나고 있습니다. 또한 전직 마술사였던 사람은 성령세례가 행해질 때 일어나는 일을 보고 그 힘을 사용할 수 있는 초자연적인 능력을 돈으로 사려고 했습니다.행 8:18 성경 전반에 걸친 일관된 메시지를 보면 눈으로 볼 수 있게 나타났던 이 능력은 분명히 '방언으로 말하는 것' 입니다. 방언으로 말하는 것은 귀로 들을 수 있기 때문에 성령을 받았다는 사실을 즉각적으로 보여줄 수 있는 증거이며, 성령세례를 받은 그리스도인들은 모두 방언으로 말할 수 있습니다. 성령을 받았다는 것을 증명하기 위한 것이 바로 방언입니다. 하지만 성령세례를 받았다고 해서 자동적으로 방언이 터지지는 않습니다. 성령님께서는 당신의 의지에 반하는 일은 절대로 하지 않으시기 때문입니다. 그렇기 때문에 방언을 하겠다고 당신 스스로 선택하셔야만 합니다.

어둠에서 빛으로

저는 어쩌다가 성령세례를 받게 되었습니다. 온 마음으로 하나님을 찾으며 하나님의 능력으로 채워 달라고 부르짖고 있었던 저에게 1968년 3월 23일에 하나님께서는 극적으로 저의 기도에 응답해 주시고 성령으로 세례를 주셨습니다. 그 당시에는 제가 받은 것이 무엇이었는지 몰랐었습니다. 아무도 가르쳐 준 적이 없었기 때문이지요.

다만 하나님과의 친밀한 만남을 통해 초자연적인 힘을 받았다는 것을 알 수 있었을 뿐이었습니다. 바로 계시지식이 흘러나오기 시작했습니다. 성령세례를 받기 전에는 목사님의 말씀을 무조건 신뢰해야 했고 사실을 말씀하시는 것이라고 생각했지만 여전히 저의 마음속에는 확신이 없었고 깨달음이 없었습니다. 단지 배우는 대로 따라 하였을 뿐이었습니다. 그러다가 성령세례를 받게 되자 성경을 쓰신 그분이 직접 제게 설명해 주기 시작하셨습니다. 성령님께서 제 마음에 많은 것들을 열어 보여 주기 시작하셨습니다. 외부로부터 지식을 받아들이는 것이 아니라 하나님께서 직접 저의 내면에서 가르치셨습니다.

요한복음 14장 26절은 이렇게 말씀하십니다. "보혜사 곧 아버지께서 내 이름으로 보내실 성령 그가 너희에게 모든 것을 가르치시고 내가 너희에게 말한 모든 것을 생각나게 하시리라."

이전에는 어둠 속에서 살고 있었다면 성령을 받고 나서는 모든 것이 밝아진 것입니다! 계시를 깨닫는 것 외에도 저는 담대해졌고 하나님에 대한 열정도 생겨났습니다. 하나님의 놀라운 사랑과 영광스런 임재가 계속해서 저를 압도하였습니다. 이전에는 종교적인 책임감으로 전도했던 제가 밝은 빛 가운데로 나아오게 되었습니다. 제가 기도할 때 아픈 사람들이 치유를 받았습니다. 하지만 이 놀라운 경험에는 문제점도 따랐습니다. 새로운 열정을 품게 되자 다니던 교회에서 쫓겨나는 신세가 되기도 했던 것입니다!

종교적인 선입견을 극복함

당시 제가 성령세례를 받았다는 증거가 모든 면에서 뚜렷이 나타났지만 방언은 하지 못했습니다. 방언을 하면 안 된다고 배우면서 자랐기 때입니다! 제가 성장했던 교회에서는 성령세례를 믿지 않았고 방언을 마귀의 역사라고 가르쳤습니다. 무지함과 잘못된 가르침으로 인해 하나님으로부터 온 이 선물에 대해 제가 선입견을 가졌던 것입니다. 방언을 하려고 마음을 먹었으면 할 수 있었는데 부정적인 생각과 두려움이 할 수 없게 한 것입니다. 성령님과 저의 새로운 관계에 대해 하나님의 말씀이 말씀하시는 것으로 생각을 새롭게 하는 데는 오랜 시간이 걸렸습니다. 성령세례를 받고 2년 반이 지나서야 방언은 하나님께서 주시는 선물이며 오늘날에도 역사한다는 것을 저는 깨달았습니다. 그러고서 또 6개월이 더 지나서야 비로소 성령께 나 자신을 내어드리고 실제로 방언을 하게 되었습니다. 하나님의 말씀이 뭐라고 말씀하시는지 제가 확인하기 전에는 저의 믿음이 강하지 못하여 실행할 수 없었던 것입니다.롬 10:17

저에게 종교적인 선입견이 없었더라면 성령세례를 받는 즉시 방언을 할 수 있었을 것입니다. 하지만 그 생각들이 하나님의 선물을 누리지 못하게 했으며 그 뿌리는 불신이었습니다. 편견을 극복하고 믿음으로 그 편견에서 걸어 나오기까지 저는 방언을 할 수 없었습니다. 하지만 믿음으로 작정하자마자 저의 삶은 마치 성령세례를 받았을 때처럼 완전히 변했습니다. 방언은 해야 되기 때문에 하는 것이 아닙니다. 원해서 하는 것입니다! 게다가 방언을 하지 않을 타당한 이유도 없지 않습니까? 방언을 하는 것은 하나님의 능력을 당신의 삶에 풀어놓는 것이며 성령세례를 받은 사람은 누구나 방언을 받을 수 있습니다. 방언을 하고 있지 않다면 당신은 아주 귀한 것을 놓치고 있는 것입니다!

13

오늘날의 증거

하나님의 말씀은 방언의 은사가 오늘날에도 역사함을 분명하게 가르치고 있습니다. 성령의 은사를 구체적으로 다루고 있는 고린도전서 12, 13, 14장을 보면 잘 알 수 있습니다. 방언 외에 다른 은사에는 지혜의 말씀, 지식의 말씀, 믿음, 치유의 은사들, 기적들을 행함, 예언, 영들을 분별함, 방언 통역 등이 있습니다. 고전 12:8-10 각각의 은사에 대해서 연구하는 것도 중요하겠지만, 이 책의 주제에 집중하기 위해 다른 은사들에 대해 설명하지는 않겠습니다.

고린도 교회는 신약의 교회들 중에 가장 육적인 교회였습니다. 어떤 남자가 자기 아버지의 부인과 간음을 저지르는 사건이 일어난 곳이었습니다. 고전 5:1 믿는 자들이 서로를 고소하기도 했습니다. 고전 6:1, 6-7 좋아하는 교사들을 따라 당을 짓기도 했습니다. 고전 3:3-5 성만찬은 탐식과 술취함으로 얼룩졌습니다. 고전 11:20-22 예배 중에 통역 없이 방언을 했습니다. 고전 14:26-28

바울은 고린도 교회의 미숙함과 죄에 대해서 꾸짖고 지적했습니다. 이들은 성령의 은사를 받았음에도 불구하고 육신적이었던 것이지, 성령의 은사를 받았기 때문에 육신적이었던 것은 아니었습니다! 고린도 교회에 많은 문제가 있었다고 해서 성령의 은사를 나쁜 것으로 판단하는 것은 잘못된 것입니다. 오히려 그 반대입니다! 성숙은 갑자기 주어지는 것이 아니지만 성령의 은사들은 영적 성장을 도와줍니다. 그렇기 때문에 바울은 이 육적이고 죄에 빠진 무리들에게 '성령의 은사들을 사모하라'고 세 번이나 간절하게 권고한 것입니다. 고전 12:31, 14:1, 14:39 성령의 은사가 이들의 성숙을 돕는다는 것을 바울은 알고 있었던 것입니다. 이것이 바로 당신도 방언을 해야 하는 좋은 증거입니다!

누구를 믿으십니까?

옛날에 제가 어떤 집에 페인트칠을 해 주다가 그 집주인 여자와 하나님에 대해 이야기하게 되었습니다. 그분이 저에게 왜 침례교회를 떠났느냐고 물었고 저는 성령세례를 받았기 때문에 교회에서 쫓겨났다고 대답해 주었습니다.

"방언 때문인가요?"

"네, 그렇다고 할 수 있어요. 제가 방언을 한다고 교회에서 나가라고 했거든요."

그녀는 잠시 생각하더니 정중하게 덧붙였습니다. "저희 교회도 그렇게 했을 거예요."

저는 "왜요?"라고 되물으면서 그분에게 고린도전서 14장 39절의 말씀을 보여주었습니다.

"여기를 좀 보세요. '방언으로 기도함을 금치 말며'라고 성경에 분명히 쓰여 있어요." 그때 그분의 솔직한 대답을 저는 절대 잊을 수가 없습니다.

"글쎄요, 우리 교회는 성경에 있는 것들 중에 안 믿는 게 아주 많아요."

그 말을 듣고 나서 더 이상 그녀에게 어떤 것도 증거할 수 없다는 것을 깨달았습니다. 그리스도인으로서 그분의 삶에서 말씀이 최고의 권위가 아니었기 때문입니다. 너무나 많은 그리스도인들이 그렇듯이 그분도 하나님의 말씀보다는 교단의 교리를 믿기로 선택한 것입니다. 그래서 성령의 은사에 대한 고린도전서 12장이 성경말씀 중 가장 잘못 해석되고 있는 것입니다!

사랑이 있으면 더 좋습니다

성령의 은사들은 사랑 안에서 사용되도록 의도된 것입니다. 그래서 바울이 그 유명한 사랑 장(고린도전서 13장)을 시작하기에 앞서 이렇게 말하고 있습니다. "너희는 더욱 큰 은사를 사모하라. 내가 또한 가장 좋은 길을 너희에게 보이리라"고전 12:31 어떤 사람들은 '사랑이 더 좋은 길'이라고 주장하기도 했습니다. 하지만 문맥을 살펴보면 13장에서 바울이 말하는 사랑은 12장에서 열거한 성령의 은사를 사용하는 방법과 직접적으로 연관되어 있음을 분명하게 알 수 있습니다. 그리고 바로 이어서 14장에서도 이에 대해 상세하게 설명하고 있습니다. 그의 주장은 사랑이 성령의 다른 어떤 은사들보다 우월하다는 것이 아니라 사랑으로 성령의 은사를 사용하는 것이 사랑이 없이 사용하는 것보다 낫다는 것입니다. 성령님께서는 당신을 꼭두각시처럼 조종하지 않으십니다. 그분은 당신을 인도하시고 지도하시며 방언을 말하게 하시고 다른 은사들을 사용하도록 하십니다만 실제로 이것을 행하는 것은 당신 자신이므로, 은사를 활용하는 사람이 이것을 육신적으로 사용할 수도 있고, 실수를 할 수도 있으며, 사랑 없이 사용할 수도 있습니다.

> 내가 사람의 방언과 천사의 말을 할지라도 사랑이 없으면 소리 나는 구리와 울리는 꽹과리가 되고 내가 예언하는 능력이 있어 모든 비밀과 모든 지식을 알고 또 산을 옮길 만한 모든 믿음이 있을지라도 사랑이 없으면 내가 아무 것도 아니요
> 고전 13:1-2

방언, 예언, 믿음 중 어떤 은사를 사용하든지 동기가 바르지 못하면 아무런 유익이 없습니다. 그러므로 성령의 모든 은사를 사용할

때 사랑이 그 동기가 되어야 합니다. 방언을 하는 것도 마찬가지입니다! 사실, 무엇을 하든지 하나님의 사랑이 동기가 되어야 합니다.

> 내가 내게 있는 모든 것으로 구제하고 또 내 몸을 불사르게
> 내 줄지라도 사랑이 없으면 내게 아무 유익이 없느니라
> 고전 13:3

교회에 출석하는 이유가 사랑이 아니라 단지 가야할 것 같은 의무감 때문이라면, 또는 헌금을 드리는데 사랑이 아닌 의무감에서 드린다면, 당신에게는 아무런 유익이 없습니다. 하나님이 보실 때에는 당신의 행동보다 동기가 더 중요합니다.

온전한 것이 올 때까지는

성령세례를 거부하는 사람들은 고린도전서 13장 8-10절의 말씀을 왜곡해서 방언은 초대교회 이후에 사라졌다고 주장합니다.

> 사랑은 언제까지나 떨어지지 아니하되 예언도 폐하고 방언도
> 그치고 지식도 폐하리라 우리는 부분적으로 알고 부분적으로
> 예언하니 온전한 것이 올 때에는 부분적으로 하던 것이 폐하
> 리라
> 고전 13:8-10

이들의 주장에 따르면, 성령의 은사들은(방언, 예언, 치유의 은사, 기적을 행함 등) 초대교회에만 주어졌으며 그 이유는 아직 성경이 완성되기 전이라서 그랬다는 것입니다. 이렇게 성경이 '온전한 것'이라고 주장하면서도 성경에 기록된 것을 하나님은 더 이상 행하시지 않는다는 결론을 내린 것입니다. 말도 안 됩니다! 문맥 전체를 보면 무슨 뜻인지 쉽게 파악할 수 있습니다. 바울이 고린도전서 12, 13, 14장에서 주장하는 주제는 성령의 은사를 올바로 사용하라는 것임을 기억해 보십시오. 바울은 사랑으로 성령의 은사들을 사용하라고 했고, 고전 13:1-3 4절부터 7절까지는 사랑으로 은사를 사용하는 것이 어떤 것인지 그에 대한 설명을 하고 있습니다. 그리고 8절에서는 방언이 그치면 지식도 그친다고 말합니다. 정보의 시대를 살고 있는 당신과 저는 아직 '지식이 그치는 일'은 일어나지 않은 것 정도는 잘 알고 있습니다. 실제로 하나님의 말씀은 종말에 지식이 엄청나게 늘어날 것이라고 예언하고 있습니다. 단 12:4

> 우리는 부분적으로 알고 부분적으로 예언하니 온전한 것이 올 때에는 부분적으로 하던 것이 폐하리라 내가 어렸을 때에는 말하는 것이 어린 아이와 같고 깨닫는 것이 어린 아이와 같고 생각하는 것이 어린 아이와 같다가 장성한 사람이 되어서는 어린 아이의 일을 버렸노라 우리가 지금은 거울로 보는 것 같이 희미하나 그 때에는 얼굴과 얼굴을 대하여 볼 것이요

지금은 내가 부분적으로 아나 그 때에는 주께서 나를 아신 것
같이 내가 온전히 알리라   고전 13:9-12

12절의 '그때'란 '온전한 것이 왔을 때'를 뜻합니다. 온전한 것이 올 때에 당신은 예수님의 얼굴을 맞대고 볼 수 있습니다. 예수님이 재림하시거나 혹은 당신이 죽어서 예수님 곁에 가기 전까지는 일어날 수 없는 일입니다. 또한 방언도 사라지지 않았습니다. '온전한 것'은 영화롭게 된 육체를 말하는 것이지 성경책을 가리키는 것이 아닙니다. 물론 성경은 하나님의 영에 감동한 것으로 오류가 없고 완벽한 것이지만 이 구절에서 말하는 것은 성경책이 아닙니다. 당신이 영화롭게 된 몸을 입으면 더 이상은 거울을 통해 희미하게 보거나 부분적으로 알지 않아도 됩니다. 영화롭게 된 몸을 입게 되면 당신은 예수님의 얼굴을 맞대고 보게 될 것이며 예수님께서 당신을 아시듯이 당신도 예수님을 완전히 알게 될 것입니다. 지금 방언을 주신 것은 그를 아는 지식에서 자라가기 위함입니다. 영화롭게 된 몸을 입게 되면 더 이상 성령의 은사들(예언, 지혜의 말씀, 영의 분별, 방언 통역 등)이 필요하지 않게 됩니다. 그때에는 하나님을 완전히 알게 될 것이기 때문입니다. 사람들이 성령의 은사를 부인하기 위해 사용하는 성경 구절들이 사실은 그 은사들이 오늘날에도 유효함을 증거하고 있는 것입니다! 하나님을 아는 당신의 지식이 완전해질 때까지 성령의 은사들은 여전히 기능할 것입니다. 당신이 영화롭게 된 몸을 입어

예수님을 얼굴과 얼굴을 맞대고 볼 때까지 방언기도가 필요합니다. 온전한 것이 아직 오지 않았기 때문에 하나님의 기적적인 능력은 초대교회에서와 마찬가지로 오늘날에도 계속될 것입니다. 당신이 삐뚤어진 종교관에 사로잡혀 왜곡되어 있지 않는 한 이 구절들을 정직한 마음으로 읽고 난 후에도 "하나님의 기적은 사라졌다."고 말할 수 없을 것입니다.

> 그런즉 내 형제들아 예언하기를 사모하며 방언 말하기를 금하지 말라
> 고전 14:39

기적적인 증거

왜 어떤 사람들은 성령세례와 기적적인 능력이 오늘날에도 적용된다는 하나님의 말씀에 강력하게 반대하는 것일까요?

두 가지 이유가 있는데, 하나는 잘못된 가르침이고 다른 하나는 자신의 책임을 거절하기 위해서입니다. 인간의 교리들이 하나님 말씀을 효력 없게 만들 수 있습니다. 하나님의 말씀이 아닌 종교적인 전통을 붙잡을 때 그렇게 됩니다.막 7:14 또 한 가지는 성경적인 결과를 나타내야 한다는 것에 대한 두려움입니다. 당신이 성령세례를 믿고 방언을 하고, 귀신을 내어 쫓고, 치유 사역을 하고, 기적을 믿는다고 주장하게 되면 동시에 이런 능력을 행해야

하는 부담을 자기 자신에게 주는 것이 됩니다.막 16:17-18 대부분의 사람들은 이런 책임감을 원하지 않습니다.

  오히려 많은 사람들이 편리한 신학을 내세우고 그 뒤에 숨기로 선택합니다. 자신을 그리스도인이라고 하면서 자기의 죄가 사해진 것은 재빨리 고백하지만 정작 삶에서는 증거를 거의 나타내지 못합니다. "내 죄는 용서받았다"라고 말하는 것은 쉽습니다. 죄는 눈에 보이지 않는 것이고 이미 용서받은 사실도 눈으로 볼 수 있는 것이 아니기 때문입니다. 하지만 그리스도인들의 삶에 기적이 실제로 나타나는 것이 사실이라면 그것을 증명하기 위해서 직접 해야 할 일들이 있습니다. 예를 들어, 방언을 한다든지 귀신을 쫓는다든지 눈먼 자의 눈을 뜨게 하고 귀머거리를 듣게 하고 심지어는 죽은 자를 일으키기도 하는 역사들을 행해야 합니다(저는 이러한 기적들을 여러 번 직접 일으켜 보았으며, 또 이런 기적들을 일으켜 본 사람들에 대해서도 많이 알고 있습니다. 하나님께 모든 영광을 돌립니다). 육신적이고 자기중심적인 삶을 살면서 텔레비전 앞에만 앉아 있으려고 자기 죄가 사함을 받은 사실만을 강조하는 사람들은 하나님의 말씀 가운데 죄사함 부분만을 믿기로 선택하고 나머지 부분들은 자기의 편의를 위해 인정하지 않는 것입니다. 이들은 구원을 받았을 수도 있고 그렇지 않았을 수도 있습니다. 그것을 누가 알 수 있겠습니까? 예수님께서는 구원을 증명하기 위하여 기적을 사용하셨습니다.

중풍병자에게 네 죄 사함을 받았느니라 하는 말과 일어나 네 상을 가지고 걸어가라 하는 말 중에서 어느 것이 쉽겠느냐 그러나 인자가 땅에서 죄를 사하는 권세가 있는 줄을 너희로 알게 하려 하노라 하시고 중풍병자에게 말씀하시되 내가 네게 이르노니 일어나 네 상을 가지고 집으로 가라 하시니
막 2:9-11

이것을 믿지 않는 종교 지도자들이 대적하자 예수님께서는 '너의 죄가 사해졌다'는 말과 '너의 상을 가지고 가라'는 말 중 어떤 말이 더 어려운지 물으셨습니다. 바리새인들을 포함하여 그 방을 가득 채운 사람들은 죄를 볼 수 없었기 때문에 그가 죄 사함을 받았는지 아닌지는 알 수 없었지만 그가 나음을 입었는지는 눈으로 확인할 수 있었습니다. 그가 일어나 걷지 않으면 예수님의 말씀은 완전히 틀린 것이 되고 맙니다. 따라서 "너의 상을 들고 가라."라는 말씀이 더 하기 힘든 말이었습니다. 예수님께서는 가장 힘든 일을 할 수 있음을 보여주심으로써 이보다 더 쉬운 일은 당연히 할 수 있음을 보여주시려 하신 것입니다. "그가 일어나 곧 상을 가지고 모든 사람 앞에서 나가거늘 그들이 다 놀라 하나님께 영광을 돌리며 이르되, 우리가 이런 일을 도무지 보지 못하였다 하더라."막 2:12

예수님은 병든 몸을 고치시고 물리적인 영역에서 기적을 행하심으로써 죄사함과 같이 영적인 일도 하실 수 있음을 보여주신

것입니다. 많은 사람들이 하나님과의 관계를 나타내는 일은 아무 것도 행하지 않으면서도 자신은 하나님과의 관계 안에 있다고 주장하기 위해 '기적은 사라졌다'는 거짓 교리 뒤에 숨는 것입니다. 그것은 편리한 신학일 뿐입니다! 진실은 이것입니다. 오늘날에도 하나님께서는 여전히 기적을 행하시며 영화롭게 변화된 몸을 입을 때까지는 반드시 방언을 해야 합니다!

14
자신을 세우기

방언을 하는 주된 목적은 방언하는 사람의 영적 성숙입니다.

방언을 말하는 자는 사람에게 하지 아니하고 하나님께 하나니 이는 알아 듣는 자가 없고 영으로 비밀을 말함이라… 방언을 말하는 자는 자기의 덕을 세우고 예언하는 자는 교회의 덕을 세우나니 고전 14:2,4

당신이 방언을 말할 때 자신을 영적으로 세우고 있는 것이며, 또한 하나님의 사랑 안에 자기 자신을 머물게 하는 것입니다.

사랑하는 자들아 너희는 너희의 지극히 거룩한 믿음 위에 자신을 세우며 성령으로 기도하며 하나님의 사랑 안에서 자신을 지키며 영생에 이르도록 우리 주 예수 그리스도의 긍휼을 기다리라 유 1:20-21

당신을 향한 하나님의 사랑은 절대 변치 않습니다. 변하는 것은 하나님의 사랑에 대한 당신의 경험입니다. 방언으로 기도하면 실패하지 않는 하나님의 사랑을 계속적으로 인식하고 누려야 할 우리의 책임을 완수할 수 있고 안식과 영적인 상쾌함을 얻게 됩니다.

> 그러므로 더듬는 입술과 다른 방언으로 그가 이 백성에게 말씀하시리라 전에 그들에게 이르시기를 이것이 너희 안식이요 이것이 너희 상쾌함이니 너희는 곤비한 자에게 안식을 주라 … 사 28:11-12

하나님은 당신의 영 안에 계십니다. 그러므로 당신의 영은 새 영이며, 정결하고, 의롭고, 거룩합니다. 방언으로 기도할 때 이미 당신의 영에 있는 안식과 상쾌함을 혼과 육에 풀어놓는 것입니다. 저 역시 방언기도를 통해 저 자신을 격려합니다! 피곤하거나 낙심될 때 저는 안식과 상쾌함이 올 때까지 영으로 기도합니다. 부정적인 상황이나 감정이 있더라도 저는 믿음을 발휘하여 방언기도를 할 것이며, 하나님의 사랑이 다시 느껴지고 그 사랑을 누릴 수 있을 때까지 계속 방언으로 기도할 것입니다. 당신이 원할 때는 언제든지 방언으로 기도할 수 있다는 것을 알게 되면 다시는 낙심할 핑계를 찾을 수 없습니다!

완벽한 기도

방언기도를 할 때 당신의 육신의 생각은 그것을 이해할 수 없습니다.

> 내가 만일 방언으로 기도하면 나의 영이 기도하거니와 나의 마음은 열매를 맺지 못하리라   고전 14:14

통역이 없으면, 당신의 지성으로는 당신의 영이 기도하는 내용을 알 수 없습니다. 당신의 영은 예수님의 마음mind을 가지고 있습니다. "누가 주의 마음을 알아서 주를 가르치겠느냐 그러나 우리가 그리스도의 마음을 가졌느니라"고전 2:16

영혼은 모든 것을 알고 있습니다. "너희는 거룩하신 자에게서 기름 부음을 받고 모든 것을 아느니라"요일 2:20

"새 사람을 입었으니 이는 자기를 창조하신 이의 형상을 따라 지식에까지 새롭게 하심을 입은 자니라"골 3:10

그러므로 당신의 영은 각각의 상황에 따라, 당신 자신을 위하여, 또는 다른 이들을 위하여 어떻게 하면 완벽하게 기도하는지를 항상 알고 있습니다.

영으로 기도하는 것과 머리mind로 기도하는 것에는 큰 차이가 있습니다. 육신의natural 생각은 불완전한 정보를 가지고 있습니다. 육신의 생각은 하나님의 말씀과 그 상황과 그에 관련된 사람들에 관한 필요한 모든 지식이 없습니다. 그렇기 때문에 지성으로 기도할 때에는 완벽한 기도, 즉 100% 정확한 기도란 불가능합니다. 하지만 당신의 거듭난 영은 모든 것을 알고 있기 때문에 방언으로 기도하면서 하나님의 뜻이 아닌 것을 기도한다는 것은 불가능합니다. 때때로 당신이 방언기도를 할 때 성령님께서 당신을 통해 어떤 사람을 위해 중보기도 하실 때가 있습니다.

> 이와 같이 성령도 우리의 연약함을 도우시나니 우리는 마땅히 기도할 바를 알지 못하나 오직 성령이 말할 수 없는 탄식으로 우리를 위하여 친히 간구하시느니라   롬 8:26

이렇게 기도하는 것은 특히 당신의 생각이 어떤 상황이나 어떤 사람을 위하여 어떻게 기도해야 할지 모를 때 도움이 됩니다. 방언으로 기도할 때 당신은 하나님의 감추어진 지혜를 말하는 것입니다. 바울이 전했던 말씀에 대한 계시도 방언기도를 통해 받았습니다.

> 그러나 우리가 온전한 자들 중에서는 지혜를 말하노니 이는 이 세상의 지혜가 아니요 또 이 세상에서 없어질 통치자들의 지혜도 아니요 오직 은밀한 가운데 있는 하나님의 지혜를 말하는 것으로서 곧 감추어졌던 것인데 하나님이 우리의 영광을 위하여 만세 전에 미리 정하신 것이라   고전 2:6-7

> 방언을 말하는 자는 사람에게 하지 아니하고 하나님께 하나니
> 이는 알아 듣는 자가 없고 영으로 비밀을 말함이라
>
> 고전 14:2

바울이 하나님의 비밀을 방언으로 말할 때, 그는 자신을 영적으로 세울 수 있었고 계시지식도 얻게 되었습니다. 당신이 방언으로 말할 때에도 계시지식이 주어지면서 영적으로 자신을 세우게 될 것입니다!

15

통역

　방언을 할 때 하나님께서 통역을 주실 것을 또한 믿어야 합니다. "그러므로 방언을 말하는 자는 통역하기를 기도할지니"고전 14:13 당신이 영으로 기도할 때 말하는 하나님의 비밀과 감추어진 지혜는 육신적인 능력으로는 이해할 수 없는 것들입니다. 그러나 하나님께 구하면 초자연적으로 통역을 주실 것입니다. 교회의 예배시간에 공적으로 방언의 은사를 사용하려면 반드시 통역이 있어야 합니다. "만일 누가 방언으로 말하거든 두 사람이나 많아야 세 사람이 차례를 따라 하고 한 사람이 통역할 것이요 만일 통역하는 자가 없으면 교회에서는 잠잠하고 자기와 하나님께 말할 것이요"고전 14:27-28

　공적 예배에서 통역 없이 방언을 한다면 어떤 사람은 방언을 한 사람이 미쳤다고 생각할 수도 있습니다. "그러므로 온 교회가 함께 모여 다 방언으로 말하면 알지 못하는 자들이나 믿지 아니하는 자들이 들어와서 너희를 미쳤다 하지 아니하겠느냐"고전 14:23

그리스도의 몸 된 교회에 공적인 자리에서 방언을 통역하는 임무를 맡은 지체들이 있습니다.

> 너희는 그리스도의 몸이요 지체의 각 부분이라 하나님이 교회 중에 몇을 세우셨으니 첫째는 사도요 둘째는 선지자요 셋째는 교사요 그 다음은 능력을 행하는 자요 그 다음은 병 고치는 은사와 서로 돕는 것과 다스리는 것과 각종 방언을 말하는 것이라 다 사도이겠느냐 다 선지자이겠느냐 다 교사이겠느냐 다 능력을 행하는 자이겠느냐 다 병 고치는 은사를 가진 자이겠느냐 다 방언을 말하는 자이겠느냐 다 통역하는 자이겠느냐   고전 12:27-30

어떤 사람들은 이 말씀을 잘못 해석해서 '방언은 모든 사람에게 허락된 것이 아니다' 라고 주장하기도 합니다. 하지만 마가복음 16장 17-18절을 보시면 그렇지 않다는 것을 알 수 있습니다. "믿는 자들에게는 이런 표적이 따르리니 곧 그들이 내 이름으로 귀신을 쫓아내며 새 방언을 말하며 뱀을 집어 올리며 무슨 독을 마실지라도 해를 받지 아니하며 병든 사람에게 손을 얹은즉 나으리라 하시더라." 그러므로 교회에는 공적 예배시간에 방언을 하고 이를 통역하는 임무를 맡은 사람들이 있습니다만 성령세례를 받은 믿는 자들은 자신을 세우기 위하여 모두가 방언으로 기도할 수 있습니다.

사람의 방언과 천사의 말

방언에는 두 가지의 종류가 있습니다. 사람의 방언이 있고 천사의 방언이 있습니다.

"내가 사람의 방언과 천사의 말을 할지라도" 고전 13:1 사람의 방언이란 이전에 사용되었었거나 현재 사용되고 있는 언어입니다. 제자들이 오순절날 처음 성령세례를 받았을 때 그들은 그때 사용되었던 사람의 방언을 하였습니다. 행 2:4-12 이들이 초자연적인 현상에 의하여 순식간에 다른 나라 언어를 습득한 것이 아니었습니다. 제자들도 자신들이 하고 있는 말을 이해할 수 없었기 때문입니다. 그들이 다락방에서 주님의 약속을 기다리며 제2 외국어를 공부한 것이 아니잖습니까! 성령님이 급하게 임하셨고 제자들은 방언을 하게 되었습니다. 이를 목격한 믿지 않는 자들은 제자들이 배우지도 않은 언어로 말하는 것을 보고서 초자연적인 현상이 일어났음을 알 수 있었습니다.

반면에 천사의 방언은 하늘의 언어입니다. 성령세례를 받은 사람이라면 누구든지 천사의 언어로 방언기도를 할 수 있습니다. 하나님의 비밀과 감춰진 지혜를 말할 때 당신은 천사의 방언을 하고 있는 것입니다.

사람의 방언을 하든, 천사의 방언을 하든, 당신은 하나님께 통역을 구할 수 있습니다!

붙박이장에서의 깨달음

하나님께 방언 통역을 구하며 그것을 믿게 되기까지의 과정이 제 인생을 완전히 변화시켰습니다! 제가 성령세례를 받고 처음으로 방언기도를 할 때였습니다. 계시지식이 깨달아지면서 하나님의 음성이 제 마음속에 들리기 시작했습니다. 하지만 하나님께서 그분의 말씀으로 저에게 보여주신 것들을 나누기 시작했을 때, 사람들은 그것 때문에 저를 비난했고 전에 이런 진리를 들어 본 적이 없었던 그들은 오히려 제가 틀렸다고 말했습니다. 이렇게 믿는 것은 저 혼자라는 생각이 들어서 외로웠고 사람들이 저에게 하는 말과 제 마음으로부터 들려오는 것 사이에서 저는 갈등했습니다. 그러면서도 저는 계속해서 하나님을 구했습니다. 한 6개월 동안 하루 종일 하나님의 말씀을 묵상하였습니다. 매일 수백 구절을 필사하면서 각 단어와 구절들을 집중적으로 살펴보았습니다. 매일 여덟 시간에서 열 시간 정도 이런 식으로 묵상을 하던 중에 하나님 말씀의 의미가 마음속에서 폭발하듯이 깨달아졌습니다. 마음속에서는 깨달아졌지만 머리로는 여전히 이해하기가 어려웠습니다. 그래서 저는 붙박이장에 들어가 한두 시간 정도 영으로 기도하였습니다. 붙박이장에 걸려 있는 제 옷 아래 앉아 제가 공부한 것을 머리로 이해할 수 있게 해석해 달라고 하나님께 간구하였습니다. 그리고 저 자신을 세우기 위한 목적으로 방언기도를 했습니다. 그렇게 한 계절이 지나갈 때쯤, 조금씩 이해되던 계시지식이 갑자기 홍수에 터진 강처럼 밀려와서 저를 덮쳤습니다! 그것이 어느 정도였냐 하면, 그 속도가 너무 빨라서 하나님께 감당할 수 없다고 말씀드려야 했을 정도였습니다. 제가 감당하기에는 너무나 벅찬 것이었습니다! 40년이 지난 지금까지도 제가 가르치고 있는 것의 대부분이 그 당시 제가 깨달았던 것들입니다. 이것을 얻기 위해 제가 한 일은 단지 통역을 위해 방언으로 기도한 것뿐입니다!

깨달음을 얻기

자신을 세우기 위한 목적으로 방언을 통역하려 한다면 깨달음 understanding을 얻기만 하면 됩니다. 혼자서 기도할 때에는 방언으로 기도하다가 모국어로 통역하기 위해 방언을 멈출 필요가 없습니다. 소리 내어 방언기도를 하고 모국어로 통역이 주어질 때까지 기다리는 방식은 공적인 자리에서는 효과적이지만 그것만이 유일한 방법은 아닙니다. 모국어로 통역하지 않아도 지금 하고 있는 방언기도를 이해하면 되는 것이니까요!

제가 이것을 잘 몰랐을 때 하나님께서 어떤 체험을 통하여 저를 격려해 주신 적이 있습니다. 제가 그 이전에 방언을 하면 안 된다고 너무나 강하게 반대하는 설교들을 들어왔기 때문에 이렇게 영으로 기도하는 것이 진짜 유익한지에 대한 의심과 싸우고 있었습니다. 어느 날 아침 두 시간 동안 방언으로 기도를 했는데 4년 동안 만나지 못했던 사람이 갑자기 저의 집에 찾아왔습니다. 문을 열어주자 그는 인사도 없이 달려 들어와서 소파에 털썩 앉아 울음을 터뜨렸습니다. 그때 저에게 처음 든 생각은 이랬습니다. '아침 내내 방언으로 기도한다고 시간을 허비하지 말고 무슨 뜻인지 내가 알게 우리말로 기도할 걸.' 그런데 갑자기 또 이런 생각이 들었습니다. '내가 아침에 방언으로 기도하지 않았다면 이 남자를 위해 무슨 기도를 해야 할지 알 수나 있었을까?' 저의 영은 이 상황을 위해 완벽한 기도를 하고 있었던 것입니다! 별안간 제 마음속에서 믿음이 불끈 솟아났습니다. 저는 그 남자가 상황을 설명하기 위해 두서없이 하던 말을 중간에 잘라버렸습니다. 계시로 받은 지식을 통해 그가 하려고 했던 이야기의 뒷부분을 제가 그대로 이어서 대신 정확하게 설명하였습니다! 이렇게 초자연적으로 하나님의 사랑과 권능이 나타나자 그는 완전히 자유케 되었습니다!

  이것을 통해 주님께서는 아침에 제가 이 일을 위해 방언으로 기도하고 있었던 것과 저의 일은 오직 통역하는 것뿐이라는 것을 확신시켜 주셨습니다. 제가 그때 그 남자에게 해 준 말이 바로 제 방언기도의 통역이었습니다!

생각을 조심하십시오!

　당신이 방언으로 기도할 때 당신의 머리는 딴생각을 할 수도 있습니다. 기도하는 것은 당신의 영이지 당신의 머리가 아니기 때문에 방언으로 기도할 때 머리는 이런저런 생각을 할 수도 있습니다. 하나님과 전혀 관계없는 것을 생각하면서 방언을 할 수도 있습니다! 그렇기 때문에 어떤 사람들은 방언기도를 하면서 말씀을 읽거나 찬송을 듣거나 설교를 듣기도 합니다. 또 어떤 사람들은 직장에서, 운전을 하면서, 또는 집안일을 하면서 방언으로 기도합니다. 저는 방언으로 기도할 때 지각understanding으로도 기도할 수 있도록 저 자신을 훈련했습니다. 오랫동안 영으로 기도하다 보면 몇 년 동안 생각지도 않은 사람들이 마음에 떠오르기도 합니다. 처음에는 무시하지만 그들에게서 갑자기 전화가 오거나, 편지를 보내오거나, 집으로 찾아올 때에는 제가 방언으로 기도할 때 그들이 생각난 것이 하나님께서 주신 통역이란 것을 깨닫곤 합니다. 통역은 항상 말이나 문장으로 이루어지지 않고 때로는 어떤 인상을 받거나, 그림을 보거나, 그냥 아는 직감으로 나타나기도 합니다. 하나님께서 이 사람들을 떠올리게 하신다는 것을 깨달으면 그들을 위해 기도하기 시작합니다. 그럴 때마다 기적이 일어나는 것을 체험하였습니다!

　한번은 방언기도를 한 후 하나님께서 한 친구에게 전화를 걸도록 인도하셨습니다. 우리는 몇 년간 연락을 하지 못하고 있었습니다. 그런데 그가 제 전화를 받자마자 끊어 버렸습니다. 하나님께서 제게 전화를 걸도록 하신 것을 알았기 때문에 그의 반응을 이해할 수 없었습니다. 왜 그랬을까 하면서 책상에 앉아 생각하고 있는데 곧바로 전화가 울렸습니다. 바로 그 친구였습니다! 그가 말하길 제가 그에게 전화하기 바로 전에 그가 하나님께 따져 물으며 기도했다고 합니다. "다른 사람들을 섬기며 평생을 보냈는데 정작 내가 도움이 필요할 때는 아무도 나를 도와주지 않는군요! 하나님, 저를 격려해 줄 누군가를 보내주세요. 더 이상 이렇게는 사역을 계속 할 수 없을 것 같습니다!" 그런데 기도를 마치기도 전에 저에게서 전화가 왔던 것입니다. 순간 너무 놀라서 전화를 끊어버린 것입니다. 모두 제가 방언을 통역했기 때문에 가능했던 일들입니다. 당신도 다른 사람들을 위해 기도하거나 힘든 상황에서 벗어날 지혜를 구할 때, 또는 어떤 성경구절을 이해하기 원할 때 이렇게 하실 수 있습니다. 그 사람, 또는 지혜가 필요한 그 상황, 또는 이해하고자 하는 그 성경구절을 떠올리며 방언으로 기도해 보십시오. 기도할 때, 그것이 무슨 뜻인지 보여 달라고 하나님께 구하십시오. 기도하는 바로 그 순간에 알게 되지는 않더라도 하나님께서는 통역을 주실 것입니다. 제 친구 하나는 자신이 시무하는 교회 예배를 위해 방언으로 기도합니다. 이 친구는 하나님께서 예배 때 하시고자 하는 일을 미리 알고 어떤 사람이 어떤 병에서 치유받게 될지 등을 알고자 기도할 때 통역 받기를 원합니다. 저는 개인적으로 항상 이렇게 즉각적인 통역을 원하지는 않습니다.

만약 하나님께서 초자연적인 방법으로 일주일 후 교회에서 일어날 일을 미리 말씀해 주신다면, 그 일주일간 저는 머리를 써서 그 상황을 분석하려고 할 것이며 모든 것을 다 알아내려고 들 것입니다. 대부분의 경우 저는 방언기도를 하는 그 순간에는 주님께 아무것도 받지 못합니다. 그래도 일주일이나 한 달 후 제가 필요할 때가 되면 그때 방언으로 기도한 내용이 무엇인지 그에 대한 통역을 달라고 하나님께 기도합니다. 바로 그 순간 필요한 그것을 성령님으로부터 받습니다! 믿음으로 방언기도를 하고 하나님께 통역을 구한다면 당신도 필요한 바로 그것을 성령님으로부터 받을 것입니다!

16

시작하세요

방언이란 성령세례를 받았나 안 받았나 확인해보기 위해 한번 해 보는 것이 아닙니다. 방언은 영적으로 자신을 세우는 강력한 도구입니다. 방언으로 기도할 때마다 안식을 누리게 되고, 가장 거룩한 믿음 위에 자신을 세우며, 하나님의 사랑이 마음속에서 살아 움직입니다. 감추어진 지혜를 말하면서 통역을 받게 될 것을 믿으며 구할 때 계시지식이 열리며 다른 어떠한 방법으로도 해결되지 않던 문제에 대한 답을 얻게 됩니다. 그래서 마귀가 그토록 결사적으로 방언의 은사를 막으려고 방해해 왔던 것입니다. 당신이 매일 그리스도인의 삶의 일부로서 방언으로 기도할 때 일어날 일에 대해 마귀는 두려워합니다.

성령님께서 말을 주시는 것이지만 그 말을 하는 것은 당신 자신입니다. "그들이 다 성령의 충만함을 받고 성령이 말하게 하심을 따라 다른 언어들로 말하기를 시작하니라" 행 2:4 성령이 그들을 말하게 했다고 한 것을 보십시오. 성령님 혼자서만 당신을 통하여 말씀하신다는 뜻이 아닙니다. 성령께서 재촉하시고 소원함도 주시지만 정작 말을 해야 하는 사람은 당신 자신입니다. 가르치는 은사도 이와 비슷합니다. 제가 사람들 앞에서 이렇게 기도한다고 생각해 봅시다. "하나님 저를 통해 말씀하시고 하나님께로부터 온 것이 아닌 것은 어떤 것도 말하지 않게 하여 주소서." 그리고 나서 하나님께서 제 입을 움직여 말하게 만드실 때까지 입을 다물고 기다린다면 어떻게 되겠습니까? 결국 아무 말도 나오지 않을 것입니다. 믿음으로 말을 시작하는 것은 저의 책임입니다. 하나님께서 전달할 말씀을 주시지만, 그 말씀은 저의 성격과 저의 언어와 저의 스타일을 통해 나오게 됩니다. 텍사스 사투리를 쓰는 것은 하나님이 아니라 바로 저입니다! 내용은 성령님께서 주시고 전달은 제가 합니다! 두려움이 방언을 말하는 당신의 능력을 제한합니다. 걱정을 하거나 자기가 말하는 내용을 분석하려고 한다면 처음에는 잘 되지 않을 수도 있습니다. 성령님께서 감동을 주시지 않아서 방언이 막히는 것이 아니고 당신이 가진 두려움 때문에 안 되는 것입니다. 당신의 입을 성령님께 맡기십시오. 그리고 믿음으로 성령께서 당신에게 주시는 말을 밖으로 내뱉으십시오.

돌파!

저는 수개월 동안이나 방언을 하기 위해 애쓰며 노력했었습니다. 방언은 하나님께서 주시는 것이라는 확신도 있었고 방언으로 기도하기를 원하기도 했지만 방언을 받는 것이 저에게는 너무나 힘들었습니다.

그러던 중 한 남자 분이 저를 도와주려고 우리 집에 오셨습니다. 그분이 물었습니다. "내가 스페인어로 말하는 것을 네가 그대로 따라 한다면 너도 스페인 말을 하는 것이 되겠지?" 저는 고개를 끄덕였습니다. "그러면 내 방언을 네가 따라 하면 너도 방언을 하는 거라고 볼 수 있겠네?" "네. 하지만 저는 따라만 하고 싶지는 않아요. 제 방언을 하고 싶다고요!" 하지만 그분이 적극적으로 권하셔서 저는 결국 하자는 대로 따라서 했습니다. 그런데 두 단어 정도 따라 하다가 중단해 버렸습니다. 당황한 나머지 저는 "제가 잘 못 따라 가고 있지요?"라고 물었습니다. 그는 말했습니다. "아니야, 잘하고 있어. 방언을 하고 있었잖니? 네가 한 말은 최소한 영어는 아니었잖아!" 그러나 저는 그때 제 한계에 도달했습니다. "아니에요. 제가 한 것은 방언이 아니었어요." 그러자 그분도 저를 보고 답답했는지 포기하고 떠나버렸습니다.

그리고 나서 저는 누군가를 심방하러 바로 집을 나섰고, 가는 길에 하나님께 필사적으로 매달렸습니다. "하나님, 저는 그냥 말을 시작하겠습니다. 당신께서 방언을 하도록 도와주실 줄로 믿습니다." 그렇게 말하고 나서 말도 안 되는 단어들을 큰소리로 내뱉었습니다. 바보짓을 하는 것 같아서 썩 기분이 좋지는 않았습니다. 그런데 제가 말한 두 단어가 꽤 멋진 소리를 내지 뭡니까! 그것이 실제 언어처럼 들렸기 때문에 제가 방언을 했다는 것을 알 수 있었습니다.

그래서 심방하러 가는 집에 도착할 때까지 그 두 개의 단어를 계속 반복해서 말했습니다. 그리고 그 집에 도착해서 심방하면서 저는 그 전에 경험하지 못했던 최고의 사역을 하였습니다. 방언기도를 하면서 왔기 때문이라고 확신하게 되었습니다. 사역을 마치고 집으로 돌아오는 길에 저는 차 안에서 하나님을 찬양하며 다시 그 두 단어를 사용하여 방언으로 기도하려고 했습니다. 그런데 그 두 단어가 생각이 나지 않았습니다. 방언을 받으려고 그렇게나 오랫동안 애를 써서 받은 그 두 단어마저 잊어버린 것입니다!

그러다가 이런 생각이 들었습니다. '그럼 단어 두 개를 더 받으면 되지!' 그리고 나서 두 단어를 또 받을 때까지 똑같은 과정을 처음부터 반복했고 결국 두 단어를 더 받았습니다. 그 두 단어를 한참 반복한 후, 또 두 단어를 더 받아서 반복했습니다. 그런데 얼마 안 가서 저는 방언기도를 유창하게 하고 있었습니다!

돌이켜 생각해보면 처음부터 저는 방언을 할 수 있었다는 것을 지금은 압니다. 그럼에도 불구하고 강력한 성령의 임재로 인해

가만히 있어도 방언이 막 터져 나올 것이라고 잘못 생각하고 있었던 것입니다. 제가 기대하던 대로 되지 않자 성령님은 제 생각과 다르게 역사하신다는 것을 깨닫게 된 것입니다.

성령님께서 저에게 주신 말을 제가 믿음으로 내뱉을 때까지 기다리고 계셨던 것입니다.

자, 이제 당신 차례입니다!

기도합시다!

"아버지, 성령으로 세례를 주셔서 감사합니다. 저에게 이렇게 놀라운 선물을 주셔서 감사합니다. 방언의 모든 유익들을 제가 다 누릴 수 있도록 도와주십시오! 저는 방언기도를 통하여 성령님께서 제 안에 주신 능력을 풀어놓아 사용할 수 있습니다.

그리하여 저는 안식과 소생함을 누리고, 믿음을 세우고, 당신의 사랑 안에서 거하고, 통역이 임할 때 계시지식을 받을 것입니다. 저는 믿는 자입니다! 당신의 말씀은 이렇게 선포합니다. '믿는 자들에게는 이런 표적이 따르리니 곧 저희가 내 이름으로 귀신을 쫓아내며 새 방언을 말하며' 막 16:17

오늘부터 저는 믿음으로 방언을 말하겠습니다. 예수님의 이름으로 기도 드립니다. 아멘!"

아버지께서는 당신을 자랑스러워하십니다!

이제 믿음으로 깊은 곳에서 솟아 나오는 그 소리들을 크게 말해 보십시오. 당신이 이해할 수 없는 언어로 말하게 될 것이지만 그것을 주시는 분은 성령님이십니다. 당신은 방언으로 말하게 될 것입니다!

계속해서 연습해 보십시오! 주님 안에서 충분히 그것을 누리면서 해 보시기 바랍니다.

지금 당장은 유창한 방언이 아니더라도 걱정하지 마십시오. 하나님께서는 당신을 자랑스럽게 생각하십니다! 어린 아이들이 처음 말을 시작할 때 부모라면 이 아이들이 무슨 말을 하는지 압니다. 옹알이를 해도 부모는 기뻐합니다. 유창한 방언이 아니더라도 하늘 아버지는 당신을 대견해하십니다. 계속 방언을 하십시오. 너무 걱정하지만 않는다면 유창하게 방언이 흘러나올 것입니다!

저는 주님 안에서 당신의 형제로서, 성령 충만한 삶으로 들어오신 당신을 환영합니다!

성령세례 받기

당신을 사랑하시는 하나님 아버지는 당신이 그분의 자녀이기 때문에 이 새로운 삶을 살아가는 데 필요한 초자연적인 능력을 주기 원하십니다.

> 구하는 이마다 받을 것이요 찾는 이는 찾아낼 것이요 두드리는 이에게는 열릴 것이니라 눅 11:10

당신은 구하고 믿고 받기만 하면 됩니다!

이렇게 기도하십시오. "아버지, 이 새로운 삶을 살기 위해서는 당신의 능력이 필요함을 봅니다. 당신의 성령으로 저를 채워 주십시오. 믿음으로 저는 지금 성령세례를 받습니다! 성령으로 세례를 주셔서 감사합니다! 성령님을 제 인생에 환영하며 모셔 드립니다!"

축하합니다. 이제 당신은 하나님의 초자연적인 능력으로 채워 졌습니다! 당신이 알지 못하는 말들이 마음속에서 올라와 입으로 나올 것입니다.고전 14:14 믿음으로 이것을 큰 소리로 말할 때 당신은 하나님의 능력을 속에서 쏟아내는 것이며 영적으로 자신을 세우는 것입니다.고전 14:4 언제 어디서나 방언을 하실 수 있습니다! 영접기도나 성령을 받기 위해 기도할 때 아무런 느낌이 없어도 상관없습니다. 마음으로 받은 것을 믿는다면 당신은 받은 것이라고 하나님의 말씀이 약속하고 있습니다. "그러므로 내가 너희에게 말하노니 무엇이든지 기도하고 구하는 것은 받은 줄로 믿으라 그리하면 너희에게 그대로 되리라"막 11:24 하나님께서는 그분의 약속을 지키십니다. 이것을 믿으십시오!

   예수님을 영접하고 성령 충만을 받으셨다면 저에게 알려주십시오(www.awmi.net). 당신과 함께 기쁨을 나누고 당신의 삶에 어떤 변화가 생긴 것인지를 더 자세히 알려 드리고 싶습니다. 주님과의 새로운 관계를 이해하고 그 속에서 성장할 수 있도록 도움이 될 만한 선물을 보내드리려고 합니다. "새로운 인생으로 어서 오십시오!"

저자 소개

1968년 3월 23일 하나님의 초자연적인 사랑을 대면한 뒤, 앤드류 워맥의 삶은 완전히 변화되었습니다. 저명한 교사이자 저자인 앤드류 워맥의 사명은 세상이 하나님을 보는 관점을 바꾸는 것입니다.

그의 비전은 복음을 가능한 널리, 그리고 깊게 전하는 것입니다. 그의 메시지는 TV 프로그램 '복음의 진리Gospel Truth'를 통해 거의 전 세계 인구의 반 이상이 볼 수 있는 상태로 널리 전해지고 있습니다. 또한 콜로라도 우드랜드 파크에 위치해 있는 캐리스 바이블 칼리지 Charis Bible College를 통해 깊게 전해지고 있습니다. 1994년 설립된 캐리스는 이제 미국 전역과 전 세계에 분교를 세워가고 있습니다.

앤드류 워맥 목사의 설교 자료는 책과 음원, 그리고 영상으로 제작되어 있으며 앤드류 워맥 미니스트리 홈페이지에 무료로 제공되어 있습니다.

연락처

앤드류 워맥 미니스트리Andrew Wommack Ministries
홈페이지 www.awmi.net
이메일 info@awmi.net
719-635-1111

캐리스 바이블 칼리지Charis Bible College
홈페이지 www.charisbiblecollege.org
이메일 admissions@awmcharis.com
844-360-9577

믿음의말씀사 출판물

구입문의 : 031-8005-5483 http://faithbook.kr

■ 케네스 해긴의 「믿음 도서관」 책들
- 새로운 탄생
- 재정 분야의 순종
- 나는 지옥에 갔다 왔습니다
- 하나님의 처방약
- 더 좋은 언약
- 예수의 보배로운 피
- 하나님을 탓하지 마십시오
- 네 주장을 변론하라
- 셀 모임에서 성령인도 받기
- 안수
- 치유를 유지하는 법
- 사랑은 결코 실패하지 않습니다
- 하나님께서 내게 가르쳐 주신 형통의 계시
- 왜 능력 아래 쓰러지는가?
- 다가오는 회복
- 잊어버리는 법을 배우기
- 위대한 세 단어
- 하나님의 은사와 부르심
- 그 이름은 "놀라우신 분"
- 우리에게 속한 것을 알기
- 성령을 받는 성경적인 방법
- 하나님의 영광
- 은혜 안에서의 성장을 방해하는 다섯 가지
- 사랑 가운데 걷는 법
- 바울의 계시: 화해의 복음
- 당신은 당신이 말하는 것을 가질 수 있습니다
- 그리스도 안에서
- 말
- 방언기도의 능력을 풀어 놓으라
- 옳은 사고방식 틀린 사고방식
- 속량 – 가난, 질병, 영적 죽음에서 값 주고 되사다
- 네 염려를 주께 맡겨라
- 예언을 분별하는 일곱 단계
- 절망적인 상황을 반전시키기
- 당신의 믿음을 풀어 놓는 법
- 진짜 믿음
- 믿음이란 무엇인가
- 그리스도께서 지금 하고 계시는 일
- 충분하고도 넘치는 하나님 엘 샤다이
- 금식에 관한 상식
- 하나님의 말씀 : 모든 것을 고치는 치료제
- 가족을 섬기는 법
- 조에
- 당신이 알아야 하는 신유에 관한 일곱 가지 원리
- 여성에 관한 질문들
- 인간의 세 가지 본성
- 몸의 치유와 속죄
- 크게 성장하는 믿음
- 하나님 가족의 특권

- 기도의 기술
- 나는 환상을 믿습니다
- 병을 고치는 하나님의 말씀
- 영적 성장
- 신선한 기름부음
- 믿음이 흔들리고 패배한 것 같을 때 승리를 얻는 법
- 믿음의 선한 싸움을 싸우는 법
- 하나님의 계획과 목적과 추구
- 예수 열린 문
- 믿음의 계단
- 당신을 향한 하나님의 계획
- 역사하는 기도
- 기름부음의 이해
- 내주하시는 성령 임하시는 성령
- 재정적인 번영에 대한 성경적 열쇠들
- 어떻게 하나님의 영으로 인도받을 수 있는가?
- 마이더스 터치
- 치유의 기름부음
- 그리스도의 선물
- 방언
- 믿는 자의 권세(생애기념판)
- 믿음의 양식
- 승리하는 교회

■ E. W. 케년
- 십자가에서 보좌까지 무슨 일이 일어났는가?
- 두 가지 의
- 놀라우신 그 이름 예수
- 하나님 아버지와 그분의 가족
- 나의 신분증
- 두 가지 생명
- 새로운 종류의 사랑
- 그분의 임재 안에서
- 속량의 관점에서 본 성경
- 두 가지 지식
- 피의 언약
- 숨은 사람
- 두 가지 믿음
- 새로운 피조물의 실재

■ 스미스 위글스워스
- 스미스 위글스워스의 천국
- 스미스 위글스워스의 매일묵상
- 위글스워스는 이렇게 했다
- 스미스 위글스워스의 능력의 비밀

■ T. L. 오스본
- 행동하는 신자들
- 기적 – 하나님 사랑의 증거
- 새롭게 시작하는 기적 인생

- 좋은 인생
- 성경적인 치유
- 능력으로 역사하는 메시지
- 100개의 신유 진리
- 24 기도 원리 7 기도 우선순위
- 하나님의 큰 그림
- 긍정적 욕망의 힘
- 당신은 하나님의 최고의 작품입니다

■ 잔 오스틴
- 믿음의 말씀 고백기도집
- 하나님의 사랑의 흐름
- 견고한 진 무너뜨리기
- 초자연적인 흐름을 따르는 법
- 당신의 운명을 바꿀 수 있습니다
- 어떻게 하나님의 능력을 풀어놓을 수 있는가?

■ 크리스 오야킬로메
- 여기서 머물지 말라
- 이제 당신이 거듭났으니
- 당신의 인생을 재창조하라
- 이 마차에 함께 타라
- 그리스도 안에 있는 당신의 권리
- 성령님과 당신
- 성령님이 당신 안에서 행하실 일곱 가지
- 성령님이 당신을 위해 행하실 일곱 가지
- 기적을 받고 유지하는 법
- 하나님께서 당신을 방문하실 때
- 올바른 방식으로 기도하기
- 당신의 믿음을 역사하게 하는 법
- 끝없이 샘솟는 기쁨
- 기름과 겉옷
- 약속의 땅
- 하나님의 일곱 영
- 예언
- 시온의 문
- 하늘에서 온 치유
- 효과적으로 기도하는 법
- 어떤 질병도 없이
- 주제별 말씀의 실재
- 마음의 능력

■ 앤드류 워맥
- 당신은 이미 가졌습니다
- 은혜와 믿음의 균형 안에 사는 삶
- 하나님은 당신이 건강하기 원하십니다
- 영·혼·몸
- 전쟁은 끝났습니다
- 믿는 자의 권세
- 새로운 당신과 성령님
- 노력 없이 오는 변화
- 하나님의 충만함 안에 거하는 열쇠
- 더 좋은 기도 방법 한 가지
- 재정의 청지기 직분
- 하나님을 제한하지 마라

- 하나님의 뜻을 발견하고 따라가며 성취하라
- 하나님의 참 본성
- 하나님의 최선 안에 사는 법
- 리더십의 10가지 핵심요소

■ 기타 「믿음의 말씀」 설교자들
- 성령의 삶 능력의 삶
- 복을 취하는 법
- 주는 자에게 복이 되는 선물
- 믿음으로 사는 삶
- 붉은 줄의 기적
- 당신이 말한 대로 얻게 됩니다
- 예수-치유의 길 건강의 능력
- 성령 안의 내 능력
- 존 G. 레이크의 치유
- 믿음과 고백
- 임재 중심 교회
- 성령충만한 그리스도인의 지침서
- 열정과 끈기
- 제자 만들기
- 어떻게 교회를 배가하는가
- 운명
- 모든 사람을 위한 치유
- 회복된 통치권
- 그렇지 않습니다
- 당신의 자녀를 리더로 훈련하라
- 오순절 운동을 일으킨 하나님의 바람
- 주일 예배를 넘어서
- 신약교회를 찾아서
- 내가 올 때까지
- 매일의 불씨
- 여성의 건강한 자아상

■ 김진호·최순애
- 왕과 제사장
- 새로운 피조물의 실재
- 믿음의 반석
- 새 언약의 기도
- 새로운 피조물 고백기도집
  (한글판 / 한영대조판)
- 성령 인도
- 복음의 신조
- 존중하는 삶
- 성경의 세 가지 접근
- 말씀 묵상과 고백
- 그리스도의 교리
- 영혼 구원
- 새로운 피조물
- 믿음의 말씀 운동의 뿌리
- 1인 기업가 마인드
- 내 양을 치라
- 새사람을 입으라